*Louis de Geofroy*

# Le Salon de 1850

*Critique*

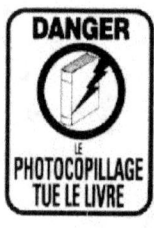
ISBN : 978-1983958434

10  9  8  7  6  5  4  3  2  1

Louis de Geofroy

# Le Salon de 1850

*Critique*

# Table de Matières

## Introduction

Notre âge, a de grandes prétentions, il aime surtout à s'entendre dire qu'il résume tous ses devanciers et les surpasse quelque peu. C'est même un trait de notre caractère qu'on ne retrouve pas, je crois aussi saillant dans les époques antérieures jamais : on ne s'est montré moins qu'à présent *laudator temporis acti*. Nous voyons force gens s'encenser à tour de bras dans la personne de leur siècle, si bien qu'à les ouïr, on se retrouve très étonné de n'être pas plus fier de vivre. Heureuse sérénité ! Après tout, c'est peut être une bonne précaution à prendre, au cas où la postérité n'y mettrait pas la même bienveillance.

En fait d'art, il serait injuste sans doute de se montrer absolument pessimiste. Il s'est produit depuis vingt ans, dans certains genres, des ouvrages très remarquables. Même au salon de cette année, en se montrant difficile, on pourrait faire un choix d'une dizaine de tableaux ou statues qui ne sont pas des chefs d'œuvre, si l'on veut, mais qui feraient bonne figure dans les meilleures galeries. Dix ouvrages sur quatre mille, c'est peu, dira t on : c'est beaucoup au contraire, par le temps qui court et avec les symptômes qui se manifestent. Nous pourrions même borner notre désir à voir chaque salon maintenir un pareil chiffre ; malheureusement ce petit nombres est noyé dans un torrent d'œuvres sans nom où les plus déplorables fantaisies se révèlent, et, à voir ces tristes manies grandir d'année en année et s'imposer magistralement, il y a lieu, ce semble, de n'être plus si satisfait du présent et de s'inquiéter sérieusement de l'avenir. Abaissement ou absence de pensée, habileté de main tels sont les caractères généraux qu'on saisit au milieu de ce *tohu bohu* des manières les plus diverses : La grande peinture s'affaiblit chaque jour davantage, et le succès n'est guère que pour les ouvrages de petite dimension tableaux de genre, paysages, etc. Est ce là un progrès ? Pour faire un tableau d'histoire, la tête doit être de moitié avec la main ; le choix médité d'un sujet, l'ordonnance des lignes, l'expression des sentiments et la noblesse du dessin sont des conditions indispensables. Il est, des œuvres, au contraire, où la nature vulgaire du sujet et l'exiguïté du cadre permettent quelquefois de se soustraire a ces règles, impérieuses, disons mieux, de les faire oublier. Ce n'est donc pas bon signe si, pour montrer du talent, il nous faut nous rapetisser et nous réfugier dans les natures mortes.

Chaque année nous le savons revient avec persistance un paradoxe mais : que le choix du sujet importe peu, que le *rendu* est tout, et l'on vous jette aussitôt à la tête les flamands et les Espagnols. L'étrange argument que voilà ! Un des plus beaux tableaux de l'école flamande est, sans contredit, le *Jour des Rois* de Jordaens ; quelle que soit pourtant la puissance vraiment extraordinaire de couleur qu'on admire dans ces compères en goguette, on nous permettra de garder notre préférence pour telle madone qu'on voudra de Raphaël, bien qu'il n'y en ait aucune qui soit aussi montée de ton. Il va sans dire que, si l'on nous donnait des Jordaens ou des Paul Potter, nous ne réclamerions pas ; mais soyons francs, et ne prenons ces raisons que pour ce qu'elles valent, pour l'excuse de l'impuissance. Si nous dédaignons la composition, c'est que nous ne voulons pas nous donner la peine d'apprendre à composer ; si nous offensons le dessin, c'est que nous ne savons pas dessiner. « Horace, mon ami, disait le vieux David, d'humeur narquoise, tu fais des épaulettes parce que tu ne sais pas faire des épaules. » A notre tour, nous faisons des maisons et des arbres, parce que c'est plus facile que de faire des hommes, et, quand nous peignons des hommes, nous leur passons un habit ou, une blouse, parce que c'est bien plus aisé à tout prendre que de les peindre nus. Pour dernier trait, si nous voyons des artistes (et ce n'est encore que demi mal) s'en tenir à la reproduction exacte des formes, sans souci du choix et de l'expression, le plus grand nombre n'admet même plus la forme définie par les contours, et se borne à rendre l'apparence des objets au moyen d'un certain ajustement de couleurs plaisant à l'œil, où la dextérité de la main joue le principal rôle, de comte à demi avec le hasard. Et quand ces pochades informes se produisent, prétentieusement, sont applaudies et font école, comment ne pas crier à la décadence ? En vérité ; c'est un devoir, et des plus impérieux, car, pour peu qu'on n'y prenne garde, les arts plastiques en seraient réduits à n'exprimer plus des idées, mais seulement des sensations.

Une femme d'esprit a dit néanmoins excellemment : « Le but de la peinture et de la sculpture doit être d'inspirer aux hommes de belles pensées la vue de belles images. » Voilà une noble définition qui peut servir de *criterium* dans l'appréciation des œuvres d'art. On peut l'appliquer au salon de 1850, en y ajoutant comme corollaire que toute image qui éveille en l'esprit de celui qui la contemple une pensée vulgaire, un sentiment ignoble, est par cela même mauvaise, ou tout au moins défectueuse, quelle que soit d'ailleurs la vérité avec laquelle elle est rendue. Ceci met mal à l'aise les gens à système, les prôneurs de modes passagères, ceux. Qui confondent l'agréable avec le beau et ceux qui purement et simplement glorifient le laid.

## Section I

Qu'en pense M. Courbet ? mais d'abord M. Courbet prend-il ses tableaux au sérieux ? Nous aurions voulu nous persuader le contraire ; malheureusement, il paraît qu'il a foi dans son entreprise. Il y a de M. Courbet un portrait peint par lui-même, et qui, par parenthèse, est bien entendu comme couleur, largement et délicatement touché. Sous ce masque prétentieusement inculte, nous avons cherché à démêler quelle pouvait être la pensée de l'artiste dont les ouvrages résument le plus orgueilleux et le plus parfait mépris de tout ce que le monde admire depuis qu'il existe. Faut-il le dire ? ces paupières mi-closes, ce regard endormi jeté par-dessus l'épaule, ne trompent pas. Évidemment, M. Courbet est un homme qui se figure avoir tenté une grande rénovation, et ne s'aperçoit pas qu'il ramène l'art tout simplement à son point de départ, à la grossière industrie des maîtres imagiers. J'ai entendu dire que c'était là de la peinture socialiste. Je n'en serais pas surpris, le propre de ces sortes de doctrines étant, comme on sait, de donner pour grandes découvertes et derniers perfectionnements les procédés les plus élémentaires et toutes les folies qui, depuis le commencement du monde, ont traversé la cervelle de l'humanité. Dans tous les cas, tant pis pour le socialisme ! les tableaux de M. Courbet ne sont pas pour le rendre attrayant.

M. Courbet s'est dit : A quoi bon se fatiguer à rechercher des types de beauté qui ne sont que des accidents dans la nature et à les reproduire suivant un arrangement qui ne se rencontre pas dans l'habitude de la vie ? L'art, étant fait pour tout le monde, doit représenter ce que tout le monde voit ; la seule qualité à lui demander, c'est une parfaite exactitude. Là-dessus, notre penseur plante son chevalet au bord d'une grande route, où des cantonniers cassent des pierres : voilà un tableau tout trouvé, et il copie les deux manœuvres dans toute leur grossièreté et de grandeur naturelle, de peur qu'un seul détail échappe. Le vieux, qu'on aperçoit de profil, a un chapeau de paille, et un gilet rayé a deux rangs de boutons ; il a ôté sa veste et mis un genou en terre pour travailler ; sa chemise est de toile très grossière, et son pantalon rapiécé ; enfin il porte des sabots, et ses talons malpropres percent à travers des chaussettes de laine usées. Son jeune compagnon charrie les cailloux, et nous ne le voyons que de dos ; mais cette partie de son corps n'est pas sans quelques particularités importantes : une bretelle retenue par un seul bouton une déchirure de la chemise laissant voir le nu de l'épaule. etc. Tandis, que M. Courbet dresse ce signalement, passent quelques paysans de retour de la foire de Flagey, où ils ont acheté quelques bestiaux. — Que nous importe, s'il vous plaît, qu'ils viennent de Flagey ou de Pontoise ? mais il faut être vrai : c'est bien de Flagey (département du Doubs) qu'ils viennent ; l'une a une blouse, l'autre un habit et une casquette de loutre ; Dieu me pardonne ! j'allais oublier que celui-ci ramène un porc et lui a passé une corde au pied droit de derrière. On ne sait qui a l'air le plus gauche ici, des hommes, des bœufs ou des porcs.

Voici venir ensuite une procession lugubre, un prêtre en chape noire, des bedeaux en robe rouge, enfants de chœur, croque-mort, une bière, hommes et femmes vêtus de deuil. Suivons le convoi jusqu'au cimetière d'Ornus ; on n'a pas tous les jours telle fortune de rencontrer si grande et si curieuse réunion. Voilà une aubaine à défrayer vingt pieds de toile et c'est pour le coup qu'il faut entonner le mode épique. L'Enterrement à Ornus constitue en effet l'œuvre capitale, le tableau d'histoire de M. Courbet. Si M. Courbet avait daigné élaborer sa pensée, ajuster les diverses parties en élaguant ou dissimulant celles qui déplaisent au profit des motifs heureux qui pouvaient se rencontrer, il eût produit un bon tableau. Le sujet en lui-même s'y prêtait : il n'est pas nécessaire, pour émouvoir, d'aller chercher bien loin ; les funérailles d'un paysan ne sont pas pour nous moins touchantes que le convoi de Phocion. Il ne s'agissait d'abord que de ne pas localiser le sujet, et ensuite de mettre en lumière les portions intéressantes d'une telle scène ; ce groupe de femmes, par exemple, qui pleurent avec un mouvement si naturel, et que vous avez eu l'adroite inspiration d'écraser par une sotte figure de campagnard en habit gris, culottes courtes, bas à côtes, surmonté d'un ridicule tricorne. Après le rustre que je viens de dire, les personnages les plus apparents du tableau sont deux bedeaux à l'air aviné, à la trogne rubiconde, vêtus de robes rouges, et qu'au premier abord on prend pour les magistrats de l'endroit venant rendre les derniers devoirs à un confrère ; puis vient une file d'hommes et de femmes dont les têtes insignifiantes ou repoussantes n'inspirent pas le plus faible intérêt. Si ce sont des portraits de famille, laissez-les à Ornus. Pour nous, qui ne sommes pas d'Ornus, nous avons besoin de quelque, chose de plus qui nous attache. Ce qu'il fallait éveiller chez le spectateur, c'était le sentiment naturel qui accompagne une pareille scène ; or, ce n'est pas précisément l'effet obtenu par vos grotesques caricatures. On ne pleure guère devant cet enterrement, et cela prouve bien que la vérité n'est pas toujours vraie.

C'est grande pitié qu'en l'an 1851 on soit réduit à faire la démonstration des principes les plus élémentaires ; à répéter que l'art n'est pas la reproduction indifférente de l'objet le premier passant, mais le choix délicat d'une intelligence raffinée par l'étude, et que sa mission est, au contraire, de hausser sans cesse au-dessus d'elle-même notre nature infirme et disgraciée. Ils se sont donc trompés, — tous les nobles esprits qui, de siècle en siècle, ont entretenu dans l'âme de l'humanité le sentiment d'une destinée supérieure, — et nous aussi qui devant leurs chefs d'œuvre nous sentions allégés, heureux de dérober quelques heures à la pesante réalité ! Voici venir les coryphées de l'ère nouvelle qui nous rejettent brutalement la face contre cette terre fangeuse, *udam humum*, d'où nous enlevait l'aile de la poésie. Ils nous ramènent à la glèbe, ces prétendus libérateurs, et, pour ma part je n'imagine pas de contrée si barbare dont le séjour ne fût préférable à celui d'un pays où ces sauvages bêtises viendraient à prévaloir.

Par suite de ce système de peindre les objets tels qu'on les rencontre, et d'écarter tout ce qui pourrait avoir l'air d'une combinaison, les tableaux de M. Courbet ne présentent ni jour ni ombre, et ont un aspect extrêmement plat. La perspective n'y est pas plus soignée que l'effet ; je ne sais pourquoi, est-ce aussi avec intention ? En attendant que la raison nous en soit révélée, nous admettrons que c'est par maladresse. M. Courbet fait également des portraits. Pour le coup, on peut lui prédire qu'il n'aura pas grande vogue ; aussi voyez-vous qu'il n'a trouvé pour modèles que lui-même et un excentrique personnage dont la théologie doit s'entendre avec l'esthétique du peintre. Le portrait de M. Jean Journet en Juif errant, le sac au dos, la gourde en sautoir, un bâton à la main, est du reste le meilleur ouvrage de M. Courbet ; il est peint avec une furie espagnole franc goût. Quant à M. Berlioz qui se trouve, on ne sait comment, fourré dans cette bagarre, on prétend qu'il ne voulait pas d'une telle portraiture, et qu'il s'en défendait comme un beau diable ; mais, bon gré mal gré, il a été exécuté, et, en le voyant, on comprend aisément sa répugnance.

Dans la section du laid, M. Antigna suit M. Courbet mais de bien loin. Il n'est pas encore de force et a des progrès à faire. Ses *Enfants dans les blés*, ses petites filles ramassant du bois mort dans le tableau de *l'Hiver*, laissent voir un certain arrangement et des velléités de compositions inquiétantes, il importe aussi d'avertir M. Antigna que les têtes de ses bambins ne sont vraiment pas tout à fait dépourvues de charme. Qu'est-ce à dire ? M. Antigua serait-il dont près de sacrifier aux grâces. Vite, qu'il y mette bon ordre et revienne aux vrais principes. Parlez-nous de la *Sortie de l'École*, voilà un gamin convenablement hideux et malpropre. On en voit de tels dans la rue de l'Oursine ou sur le boulevard extérieur. Pourquoi les prenez-vous rue de l'Oursine ? Mieux vaut, croyez-moi, les aller chercher dans les blés, où le soleil dore leurs joues et leurs guenilles ; dans la vie rustique, les côtés repoussants sont, mués par le paysage qui sert de cadre, et le contingent de laideur que l'homme y apporte se fond aisément dans l'harmonie générale de la nature.

Il faut toute la volonté tenace de M. Courbet pour résister à ce correctif salutaire ; cela vient de ce que la figure humaine, presque toujours de grandeur naturelle dans, ses tableaux, y absorbe exclusivement l'attention, et aussi, je crois, de ces affreux habits neufs dont il orne presque toujours ses paysans. Les haillons en peinture ont bien leur prix, surtout quand on sait les choisir riches de tons. Les costumes du Midi, ceux de la Bretagne, sont en ce genre des modèles classiques sans cesse reproduits, et qu'on revoit avec plaisir : il est aisé d'en tirer un parti avantageux ; comme a fait. M. Hédouin dans ses *Femmes à la Fontaine*, jolie petite composition à laquelle il ne manque qu'un dessin plus arrêté ; mais choisir précisément une manière de fermier en habit gris à queue de morue, tout ce qu'il y a de plus gauche, de plus cru, de plus butor, c'est vouloir soutenir une gageure malheureuse contre le bore sens.

Après M. Courbet, chacun supposerait qu'il faut tirer l'échelle ; pas encore s'il vous plaît. Nous avons découvert une certaine pastorale au moins aussi extravagante en son genre que *l'Enterrement d'Ornus : Berger et Bergère*, ainsi s'intitule ce curieux morceau où l'on voit un cyclope aux bras rouges, à la face enluminée comme un Iroquois, assis aux pieds d'une Galatée à jupon rayé de rouge, et dont la coiffe rose, se reflétant sur ses joues, produit un effet pourpré assez bizarre. Il est probable que l'auteur a organisé toute sa machine pour en venir, par des dégradations successives de tons, à ce résultat : le résultat est médiocre et ne saurait excuser la laideur de l'ensemble. Je ne citerais pas cette énormité, si elle ne portait le nom de M. Riésener. M. Riésener passe pour un peintre, du moins il se trouve des voix pour le proclamer tel ; en y mettant la meilleure volonté, il est difficile de comprendre ce talent-là ; pour être coloriste, il suffit d'étendre force carmin sur les joues de ses personnages, nombre d'écoliers en remontreront même à M. Riésener. Il y a de cet artiste une douzaine de portraits au pastel, tous plus bizarres les uns que les, autres, entre lesquels celui de Mme *** en amazone est le plus complet échantillon de son talent. La soie de la robe est assez bien rendue ; mais nous croyons que Mme *** changerait bien volontiers son visage contre sa robe.

Dans la grande peinture, l'école, du mélodrame fait pendant à l'école du laid. Parmi nos peintres d'histoire. M. Müller est le premier... par rang de taille. L'*Appel des dernières victimes de la terreur*, réduit à de plus modestes dimensions, formerait une vignette très convenable pour une histoire de la révolution illustrée. Disposer avec un grand fracas sur une toile de trente pieds carrés, une multitude de personnage, dans des attitudes violentes ; faire appel à de terribles souvenirs et évoquer les plus fortes passions pour ne produire en somme ; qu'un effet mesquin, cela rappelle, en peinture comme ailleurs, la montagne accouchant d'une souris. Comment M. Müller s'y est-il donc pris pour qu'une si redoutable tragédie nous laisse insensibles ? Certes, cela ne tient pas au choix du sujet, un des plus émouvants qui puissent nous être présentés. Le retentissement des sanglots de cette funèbre époque est encore au fond de nos entrailles, et nos mères nous l'ont transmis. On conteste, nous le savons, qu'il soit parfaitement convenable et opportun de reproduire des récits semblables ; pour notre part, nous ne comprenons guère de tels scrupules ; craint-on que l'enthousiasme et la pitié ne soient pour les bourreaux ? L'invention de M. Müller n'est donc pas répréhensible au nom de la morale. Au point de vue de l'art, s'est-il trompé ? Pas davantage ; cette scène est de celles qui offrent de très belles ressources à la peinture. Nous sommes dans une salle basse de la Conciergerie ; le jour vient d'en haut et favorise les effets de lumière. Une multitude de tout âge et de tout rang encombre la caverne de mort. Il y a là des marquis, des ci-devant nobles, comme dit *le Moniteur*, des femmes de chambre, des *ex*-princesses, des prêtres, des officiers, des soldats, des comédiens et des paysans, c'est à dire abondance de types et de costumes pouvant donner lieu aux plus heureuses oppositions. Au milieu de cette foule agitée, morne ou furieuse, un huissier du tribunal révolutionnaire vient, un papier à la main, faire l'appel des condamnés. À chaque nom qui tombe de sa bouche fatale, une grille s'ouvre dans le fond et donne passage à la victime qu'attend le tombereau. Situation imposante, motifs pittoresques, rien ne manquait, et M. Müller n'a pas su profiter de tant de richesses ! C'est que, dans un sujet grand et terrible, il a apporté de petites idées des préoccupations puériles, et qu'à défaut de noblesse il ne se sauve pas par la fougue de l'exécution. Peintre de bambochades et de bergers trumeaux, M. Müller ne comprend pas que des sujets divers veulent des manières diverses, et il vous chiffonne un drame absolument comme il ferait d'une ronde de mai. Ici il a enrubanné la douleur, attifé l'héroïsme, et l'égarement du désespoir lui est un prétexte à faire miroiter du satin ou à lutiner la mousseline qui couvre un beau sein. Enfin il réussit à détourner l'attention du spectateur sur de riants détails qu'on n'apercevait pas, soyez-en persuadé, dans cette heure solennelle, en admettant même qu'ils existassent : sur la gorge demi-nue de la princesse de Monaco par exemple, sur un certain corsage vert pomme de Mlle de Coigny se roulant sur les genoux de l'évêque d'Agde avec des coquetteries de prunelle pour André Chénier, qui seul, assis sur le premier plan un crayon et un papier à la main, compose son dernier *iambe* interrompu. L'idée d'abstraire le poète du tumulte de la scène était bonne, mais à la condition de ne pas la pousser trop loin. J'aurais supprimé le papier et le crayon ; si vous laissez croire que Chénier s'occupe encore à cet instant de chercher une rime, vous le rendez misérable et froid. Combien plus vrais et plus humains sont cette vieille marquise de Colbert disant son chapelet ; et M. de Roquelaure cuirassé dans son impassibilité stoïque de soldat ! Ce n'est pas dans Théocrite et dans Catulle qu'ils ont appris ; ceux-là, le dédain de la mort. La date du 7 thermidor n'est restée, nous le savons, que parce qu'elle est liée au nom de Chénier, et il semble de prime abord tout naturel que M. Müller ait voulu faire du poète le principal personnage de son tableau, et l'ait placé au milieu de la toile, concentrant sur sa tête la plus grande masse de lumière. Cependant, pour peu qu'on y réfléchisse, on s'apercevra que c'est une erreur : pour les prisonniers d'abord et pour nous ensuite, ce n'est pas Chénier qui est le personnage important, mais bien l'homme à l'écharpe et aux culottes jaunes lisant sa liste au second plan ; c'est vers celui-ci que se tendent tous les yeux ; c'est à sa bouche que chacun est suspendu. Dans la foule qui regarde le tableau de M. Müller, il en est beaucoup qui ne savent pas ce que c'est que Chénier, qui ne comprennent ni son crayon ni son air inspire, et, sans s'arrêter à ce personnage, vont tout de suite à celui qui leur donne la clé de toute la scène. Pour s'être exclusivement préoccupé du côté anecdotique, M. Müller a donc manqué l'unité de son tableau. Mieux eût valu ne faire du poète qu'un accessoire et le reléguer à droite ou à gauche, où nous aurions su assez bien le trouver. Dans les arts, l'idée simple doit toujours avoir le pas sur l'idée composée ; avant de s'adresser aux ingénieux, aux délicats et aux érudits, il faut d'abord être compris par le peuple.

L'huissier est la figure la mieux peinte du tableau de M. Müller. Son visage contracté exprime bien la dureté d'habitude et peut être de commande, que lui donnent ses fonctions ; il y a aussi quelques porte-piques d'une férocité et d'une stupidité très naturelles. M.

Müller ne saurait-il donc réussir que ces sortes d'expressions ?
Là où il eût fallu mettre de la grandeur, de la noblesse, il échoue
complètement. Voyez le petit minois crispé de L'évêque d'Agde, et
surtout son André Chénier. Pour celui-ci, il n'y avait qu'à copier le
portrait, fait à Saint-Lazare même par Suvée, et qui a été dessiné
par M. Henriquel-Dupont. Pourquoi chercher une expression
aigre, bilieuse et tourmentée, lorsque l'original présentait des plans
larges et calmes, une bouche ou la grâce repose, et des yeux pleins
d'une douceur si triste ? C'est défigurer bien gratuitement un noble
modèle. Les femmes de M. Müller sont d'une beauté qu'on ne
rencontre guère qu'à de certaines heures et dans certains quartiers ;
dans le dessin des têtes et des mains, cette partie si importante,
il observe uniformément une élégance de mauvaise compagnie.
En somme, les défauts que nous signalions l'année dernière dans
sa *Lady Macbeth* se retrouvent ici tout entiers : rien d'étonnant, on
ne se corrige pas de penser d'une façon vulgaire ; on n'apprend pas
le goût et la distinction.

*Le dernier Banquet des Girondins*, de M. Philippoteaux, fait
pendant, au tableau de M. Müller. Cette composition est froide
et compassée ; c'est bien ainsi, au reste, que durent poser jusqu'à
leur dernière heure ces rhéteurs à l'antique, qui, on l'a dit souvent,
n'ont su que parler et bien mourir ; mais n'était-ce pas encore là
du pastiche ? On mourait très bien à Rome sous Tibère, et tout
en 93 était renouvelé des Romains. Un des rares mouvements
spontanés de cette époque, où tant de machinations ténébreuses
ont été travesties en élans populaires, c'est celui qui porta les
volontaires à la frontière. Il est fâcheux que M. Vinchon nous ait
gâté ces *Enrôlements* de 1792 en les habillant à la façon de l'Opéra
Comique. Quelle appétissante jeunesse aux joues blanches et
roses ! Voilà des chérubins qui feront bien des ravages partout
où on les conduira. M. Yvon est moins coquet : ses Russes sont
rébarbatifs, et ses Tartares incultes. Il n'y a pas à l'en blâmer on
voudrait seulement voir un peu plus clair dans l'inextricable fouillis
d'armures étranges, de chevaux et de cadavres qui représente
la *Bataille de Koulikovo*. Une seule figure ressort bien du milieu
de la mêlée, c'est celle du grand duc Dmitri, monté sur un cheval
blanc, et qui serait louable, si elle ne rappelait trop celle de Kléber
au combat de Nazareth. M. Yvon possède un beau dessin, mais

dans la *Bataille de Koulikovo* il' s'est un peu trop défié de son imagination, on y rencontre à chaque pas des ressouvenirs trop vifs d'*Eylau* et d'*Aboukir*. Quand M. Yvon en appelle moins à sa mémoire, il sait trouver des attitudes hardies, comme celle de ce guerrier sur le premier plan à droite, qui décharge un si furieux coup de sabre sur un moine.

*La Procession de la Ligue*, de M.. Alexandre Hesse, aurait-elle été commandée pour le musée de Versailles ? Elle porte très marqué l'air de famille de cette collection chronologique. Il y a du style dans le tableau de M. Auguste Hesse, *Jacob luttant avec l'ange*. Seulement il est bon d'avertir M. Hesse que ses lutteurs ne connaissent pas très bien leur affaire. Le croc en jambe que Jacob cherche à donner à son adversaire est contre les règles de l'art. La *Mère de douleurs*, de M. Dugasseaux, est aussi d'un bon style et d'un sentiment de composition parfaitement juste : assise au bord d'une route dans un paysage morne, la vierge tient sur ses genoux le corps de son fils, et son attitude dit bien : « O vous tous qui passez sur la route, regardez et voyez s'il est une douleur égale à ma douleur. » Des anges dans la manière des maîtres italiens garnissent à droite et à gauche le haut du tableau. Si M. Dugasseaux exécutait comme il conçoit et compose, il serait un de nos premiers peintres.

Donnez pour sujet de tableau un épisode de la Saint-Barthélemy à l'un de nos réalistes : il y a gros à parier qu'il s'attachera quelque affreuse représentation de massacre prise sur le fait, — le corps décapité de Coligny, par exemple, traîné au croc dans les ruisseaux par la populace, ou, s'il veut faire le procès de la royauté, comme M. Julien de La Rochenoire s'inspirant de Mézeray, « Charles IX tirant sur ses sujets par la fenêtre du Louvre et taschant de les *canarder* avec sa grande arquebuse à giboyer. » M. Decaisne montre un meilleur goût en choisissant, au milieu de cette horrible boucherie, un trait de courage qui élève la pensée : *Le chancelier de l'Hôpital pendant la Saint-Barthélemy* a rassemblé amour de lui sa femme, sa fille et ses petits-enfants qui se pressent épouvantés à ses genoux ; d'un cœur ferme et le front serein, il attend les assassins qu'on voit dans le fond monter tumultueusement l'escalier. Cette disposition est bien entendue : le groupe principal offre de belles lignes, et chacune des têtes a bien l'expression juste qui lui convient. La beauté des étoffes est d'une qualité habituelle à M. Decaisne ;

nous retrouvons cette qualité dans un petit tableau de genre du même peintre, *Louis XIV et madame de la Vallière*, où M. Decaisne a dépassé tout ce qu'il avait fait de mieux jusqu'à ce jour comme délicatesse de dessin, arrangement et distinction de couleur. Ses deux portraits de femmes se recommandent également par leur élégance et leur bon goût.

En prenant pour thème *le Jeune Malade* d'André Chénier, M. Jobbé-Duval rencontrait nécessairement le souvenir de la *Stratonice* de M. Ingres. M. Duval a jeté dans son tableau tant de jeunesse et de channe intime, qu'il s'est tiré avec bonheur d'une si redoutable comparaison. Rien de plus gracieux que sa jeune fille blonde qui, dans un pan de sa tunique blanche, apporte des fleurs à son amant ; tandis qu'elle lui tend la main, le jeune insensé

Tremble, et, sous ses tapis, il veut cacher sa tête.

Ce mouvement est naïvement rendu ; le vieillard assis au pied du lit, la vieille mère, sont d'une grande correction de dessin.

M. Laemlein, ayant à figurer une vision apocalyptique où quatre génies aux ailes déployées conduisent chacun un attelage sur les abîmes de l'air, s'est appliqué à donner à ses chevaux l'aspect floconneux des nuages au milieu desquels ils galopent. Les génies, les draperies, sont à l'unisson ; le tout semble peint en détrempe, et n'est pas mieux arrêté qu'un décor de théâtre. C'est, à notre avis, mal comprendre les conditions de l'allégorie dans les arts plastiques. Du montent où l'idée devient contingente, elle est forcée de se soumettre aux lois du monde matériel : Un homme est un homme, un cheval est un cheval : peignez-les donc tels que Dieu les a faits. M. Ziégler, qui sait cela, arrête avec une pureté antique la forme d'une gracieuse allégorie qu'il intitule *Pluie d'été* ; c'est une belle jeune femme aux cheveux entrelacés de perles et glissant d'un pied léger entre les fleurs qu'elle arrose avec une urne de Voisinlieu. Malheureusement, cette figure manque de relief et présente une teinte générale gris-lilas aussi invraisemblable que les chevaux capitonnés de M. Laemlem. Ainsi que le dessin, il faut que la couleur soit vraie. M. Ziégler a aussi entrepris de traduire un dialogue du *Cantique des Cantiques* entre l'époux et l'épouse « Mon bien aimé est à moi, et je suis à lui ; il paît son troupeau parmi le muguet, etc… » Sans examiner si M. Ziégler a bien compris le texte de Salomon, non plus que M. Laemlein celui de Zacharie (c'est affaire aux glossateurs et hébraïsants), nous n'avons à voir dans ses *Pasteurs* qu'une belle étude académique et un groupe aux lignes savamment combinées. L'époux et l'épouse, l'un à côté de l'autre sont assis sur un tertre au milieu d'une plaine où le troupeau « paît le muguet ». La jeune femme appuie son bras sur l'épaule du bien aimé et incline vers lui sa tête blonde. Un chien noir accroupi à ses pieds forme le troisième terme de cette combinaison triangulaire. M. Ziégler recherche beaucoup les relations des nombres, et croit que si l'on pouvait retrouver la clé des proportions harmoniques établies par Pythagore dans l'architecture, la peinture, la sculpture, la musique, on ramènerait les arts à leur primitive perfection. Cette théorie, probablement vraie pour l'architecture et la sculpture, ne veut pas être appliquée d'une manière absolue à la peinture, où trop de symétrie empêcherait le mouvement et la vie. Toutefois, en l'état actuel des goûts, il n'y a pas grand péril à la mettre en honneur, et l'on n'a pas à craindre que nos coloristes en abusent. Ils ne sont pas encore près de renoncer aux draperies fripées, aux contours baveux, qu'en haine des tuyaux d'orgue de l'empire ils sont allés emprunter aux Largillière et aux Vanloo. Cette pauvre école impériale ! on la conspue aujourd'hui, et l'on a jusqu'à un certain point raison, car elle a engendré dans les arts un furieux ennui ; mais, quand la réaction sera arrivée à ses dernières limites, on finira peut-être par reconnaître qu'elle avait du bon, qu'elle ne dessinait vraiment pas trop mal. Quand on sera fatigué des ragoûts de couleur, écœuré des débauches de tout genre auxquelles on nous convie l'ascétisme reprendra peut-être faveur : ainsi va le monde en toutes choses.

## Section II

En attendant, c'est toujours aux coloristes qu'appartient la vogue : ils le savent ; c'est pourquoi ils ne se gênent guère et prennent leurs ébats en vrais enfants gâtés qu'ils sont. On les rencontre en foule à tous les pas, dans le débraillé le plus complet. Chaque année en voit éclore de nouveaux ; les anciens tiennent ferme, et ceux-là même qui depuis quelque temps se faisaient plus rares reviennent à la fête. Voici M.Tony Johannot, avec sa touche molle et lustrée, si bien appropriée à la gravure anglaise ; M. Roqueplan, plus ferme, mais en même temps plus tourmenté. La *Halte après une chasse au faucon* du premier, *la Jeune Fille portant des fleurs* du second représentent bien leurs manières respectives. Voici encore M. Isabey, si ébouriffé, si papillottant, si tapageur, que, devant son *Mariage de Henri I V*, on est pris d'un éblouissement pareil à celui que produit l'aspect houleux du bal de l'Opéra ; M. Boulanger, qui se croit toujours aux beaux temps du romantisme et fait danser la Esmeralda au coin d'une *Rue de Séville* !

Ces allures et ces costumes des coloristes romantiques paraissent maintenant un peu vieillots. Du temps de *Notre Dame de Paris*, les peintres donnaient beaucoup dans les pourpoints tailladés e les feutres à plumes. Les néo-coloristes exploitent en général plus volontiers la vie des champs, les intérieurs bourgeois et l'orientalisme. Ils montrent aussi une exécution plus franche, moins théâtrale. Entre tous ces rustiques se distinguent M. Chaplin, qui se modèle évidemment sur *la Mare-au-Diable* et *le Champi*, bonne école où devrait bien aller M. Courbet. L'exécution de M. Chaplin est en voie de progrès ; son *Intérieur (Basse-Auvergne)* est mieux étudié que ses précédents tableaux. M. Luminais peint des Bas-Bretons et les prend sur le fait, dans l'exercice de leurs industries. Ses *Braconniers* sont vigoureusement empâtés, ses *Pilleurs de mer* forment un tableau curieux et saisissant. On sait que depuis l'origine du monde les Armoricains hospitaliers étaient dans l'habitude, pendant les nuits d'orage, de placer sur la grève un cheval portant au cou une lanterne. La bête, dont un pied était lié boitait et balançait ainsi la lueur perfide, qui, prise du large pour un navire au mouillage, attirait les pilotes entre les récifs. Il n'y a guère plus de trente années que ces pratiques traditionnelles ont a peu près disparu, non par le progrès des mœurs, mais par la vigilance de la gendarmerie. En voyant les Bretons de M. Luminais suspendus aux saillies de rochers et harponnant les dépouilles opimes que leur jettent les vagues, nous nous sommes vivement rappelé les sauvages de Plougoff, les pointes sinistres de Penmarck, du Raz-de-Sein et de la Baie des Trépassés, sans cesse voilées dans un linceul de brume à travers lequel retentit la plainte éternelle de la mer et du vent.

M. Dumaresq a une couleur tout aussi éclatante et un dessin bien plus soigné que M. Luminais. Son *Boucher* est une excellente étude, puisque M. Dumaresq a le bon sens de ne nous le donner que comme une étude. MM. Besson, Pezous, Tabar, Nègre, Vattier, sont moins modestes, et ils se tiennent pour très contents de leurs *à-peu-près* ; aussi tous se ressemblent. En quoi M. Pezous diffère-t-il de M. Tabar, et M. Tabar de M. Nègre ? La *Salle de police* du premier est moins empâtée que l'*Intérieur de basse-cour* du second, et le troisième a peint dans un coin des halles une *Marchande de haricots* faisant manger la soupe à son poupon, qui possède les mêmes qualités chatoyantes. Il en est de même de la *Rencontre* de M. Besson, de *la Lecture* de M. Villain, et d'une foule d'autres ouvrages plus ou moins lâchés. M. Millet, dans la même voie, procède par empâtements forcenés : il crépit ses tableaux qui, vus de profil, ressemblent à des cartes géographiques en relief. Voilà ce qui peut s'appeler de la peinture solide ! Ces épaisseurs et tout ce mastic ne donnent pas plus d'éclat au coloris de M. Millet, qui semble plutôt prendre à tâche d'étouffer ses figures dans une vapeur chaude et lourde.

M. Adolphe Leleux, au contraire, a une touche des plus légères ; le grain de la toile apparaît sous sa couleur hardiment : posée et d'un seul jet. Au milieu de tous ces jeunes artistes que son exemple a contribué à entraîner, M. Leleux reste encore le plus habile, dans l'art de manier la brosse ; malheureusement il outre de plus en plus ses défauts. Pas un trait pas un linéament dans ces contours éraillés : ce ne sont que festons, ce ne sont que bavochures. Il n'est pas étonnant que, pour peindre de la sorte, M. Leleux recherche les bourgerons noircis et les pantalons frangés du faubourg. La *Patrouille de nuit* est le pendant du *Mot d'ordre* du dernier salon. Quatre ou cinq cavaliers en casquette et en blouse, le sabre au poing ou le fusil en bandoulière, s'abouchent sur un quai de Paris avec une sentinelle déguenillée. Le jour commence à poindre, et à travers le brouillard humide et terne les personnages ne sont guère plus accusés que des silhouettes. La gamme une fois acceptée, on trouve cela d'un sentiment pittoresque ; mais le pittoresque n'est pas une excuse à tout : il ne corrige pas suffisamment l'expression forcenée et repoussante de *la Sortie* (février 1848). M. Leleux, du reste, sait fort bien, quand il veut, le trouver ailleurs, aux Pyrénées ou en Algérie : sa *Famille de Bédouins attaquée par des chiens* en est une preuve. Ces Bédouins, assaillis à l'entrée d'un douar, ont été obligés de se former en rond, et ils écartent avec leurs bâtons et leurs longs fusils les chiens furieux et hérissés qui s'élancent de tous côtés en aboyant. La couleur de ce tableau, quoique d'un bon choix, n'arrive pourtant pas à l'extrême vérité de M. Fromentin, qui reste toujours le plus fort des orientalistes de la peinture.

Faut-il croire qu'un premier succès a tourné la tête à M. Fromentin comme à tant d'autres, et qu'il considère le public désormais comme trop heureux de recevoir les moindres raclures de sa palette ? J'aime mieux penser que M. Fromentin s'est dit : Victoire oblige, et que, dans on empressement à nous procurer de nouveaux plaisirs, il aura sacrifié la qualité à la quantité. M. Fromentin n'a pas moins d'une dizaine de petits tableaux, représentant des scènes du désert, oasis, marabouts, camps, douars et paysages. C'est toujours la même originalité, la même vigueur d'effet ; mais dans quelques-uns l'exécution, déjà si indécise de l'an dernier, devient par trop lâchée. Les *Arabes nomades levant leur camp, la Plaine de En-Furchi*, ne sont plus que de confuses ébauches tachetées, des marbrures de tons ; le *Douar sédentaire au matin* est d'un effet plus tranquille. M. Hédouin, l'imitateur fidèle de M. Leleux, paraît, cette année, avoir étudié aussi la peinture de M. Fromentin. Les murailles de sa *Place aux Grains à Constantine* reflètent de belles lueurs argentées. Sa Smalah est terne au contraire et moins réussie.

M. Bonvin a fait un joli petit tableau représentant l'*Intérieur d'une École d'orphelines*. La lumière qui l'éclaire, douce, triste, s'harmonise parfaitement avec toutes ces petites robes brunes et ces coiffes noires ; mais pas de dessin. M. Bonvin n'y songe pas plus que les autres. C'est aux mains qu'il faut regarder pour s'en assurer : or il n'y a pas de mains dessinées dans l'*École* de M : Bonvin, non plus que dans sa *Tricoteuse*, qui est d'un ton très fin. Les *Blanchisseuses*, les *Tricoteuses* et les *Cuisinières* de M. Édouard Frère n'égalent pas celles de M. Bonvin pour la largeur de la touche ; mais son écolier en manches de chemise qui pioche un thème ou une dictée avec une application si consciencieuse ne manque pas de finesse.

Dans ces triomphes de la couleur, il est à remarquer que les coryphées du genre, M. Diaz entre autres, ont moins de succès cette année. Eh quoi ! nos vénitiens seraient-ils déjà sur le retour, et leur palette baisserait-elle ? Non vraiment. Les mêmes gens néanmoins qui battent des mains aux nouveaux venus commencent à passer plus froids devant *les Bohémiens* et *la Résurrection du Lazare*, où il y a infiniment plus de talent, toute proportion gardée. À mesure que l'enthousiasme s'éteint, le jour de la justice arrive. On trouve que M. Diaz est monotone avec ses interminables Cupidons, et qu'avec sa brosse facile, sa dextérité à créer des nichées de petits amours joufflus, il parvient tout juste à tenir en 1851 l'emploi de feu Boucher. On avoue tout bas que sa peinture éblouissante manque souvent de modelé, dans *l'Amour désarmé* par exemple, et l'on se permet de dire que ses *Bohémiens* ont touchés d'une manière trop uniforme, arbres, figures et vêtements. Qu'est-ce à dire ? les défauts qu'on découvre sont-ils de date récentes ? n'ont-ils donc pas toujours, existé ? Il me semble que le *Tombeau de l'amour* vaut tout ce que M. Diaz a fait jusqu'à présent. Le corps demi-nu de la jeune femme qui pleure, la tête entre ses mains, offre le même empâtement brillant et le même dessin douteux que l'on connaît à M. Diaz ; la draperie bleue qui l'enveloppe depuis la ceinture est aussi fraîche et aussi peu arrêtée que d'habitude. Il y a de la morbidezza et un éclat magique dans le portrait de Mme de S., mais beaucoup de maniérisme aussi ; ces yeux pochés, ces lèvres sanguinolentes, ces cheveux pareils à de la crème fouettée sont de grandes afféteries. Quand on parle de M. Diaz, ce serait vraiment conscience d'oublier M. Longuet, son fidèle Achate, M. Longuet, qui fait aussi des nymphes, et des bohémiens pour l'amour de M. Diaz, comme M. Hédouin fait des smalah et des marabouts pour l'amour de M. Leleux. À se donner tant de mal pour imiter quelqu'un, il me semble, soit dit en passant, qu'on pourrait choisir des modèles plus corrects et d'un ordre plus relevé : le mieux est encore de n'imiter personne, car, lorsqu'on suit quelqu'un, on est toujours derrière.

Les qualités de M. Delacroix sont de celles que les peintres et un petit nombre de gens exercés peuvent seuls apprécier. La composition chez lui accuse une sûreté de goût extrême, et, dans le maniement de pinceau, cet artiste rencontre fréquemment des effets de couleur d'une finesse et d'une hardiesse incomparables. Dans la foule que ses tableaux ont le don heureux de passionner en sens contraires, on trouve deux catégories bien distinctes, les génies incompris, trop heureux de se reconnaître dans les erreurs d'un homme de talent, et les gens du monde qui, pour se donner un air capable, arrivent avec une admiration toute faite, applaudissent à ses excentricités, s'exclament précisément aux endroits défectueux et ne prennent pas garde aux beautés véritables. À côté de ces enthousiasmes factices, le bourgeois, pétri de préjugés, s'obstine à trouver que les personnages de M. « Delacroix sont bien laids et bien contournés, qu'ils possèdent, en guise de pieds et de mains de véritables pattes d'orang-outang, que ses chevaux sont d'une couleur fantastique, ses draperies improbables, etc. Le bourgeois a-t-il absolument tort ? Ne lui passerons-nous pas condamnation sur le cheval du *Giaour*, qui s'élance jusqu'au bord des flots à la poursuite de sa maîtresse, tout en reconnaissant que, dans ce petit tableau, il y a une grande puissance de mouvement, un groupe énergiquement conçu auquel il ne manque que des détails un peu plus polis ? De mène de la *Lady Macbeth*, sujet si déplorablement manqué par M. Müller l'année dernière. M. Delacroix n'a garde de tomber dans le mélodrame où M. Müller avait donné en plein. Lady Macbeth, couverte d'une ample draperie traînante, se promène, une lampe à la main, sous les voûtes sombres, à quelques pas en arrière, on entrevoit le médecin et la nourrice qui la suivent sans bruit. Voilà Shakespeare dans toute sa vérité et non tel qu'on nous l'avait travesti. C'est bien simple, dira-t-on. Pas si simple, à ce qu'il paraît, puisque, après s'être donné évidemment beaucoup de mal, M. Müller n'avait pu arriver à cette simplicité. Il faut beaucoup de jugement et de savoir pour être naturel. Inutile de louer la couleur de M. Delacroix et l'effet blafard que la lampe, seule lumière de ce tableau, projette sur le personnage principal ; mais là comme dans le *Giaour*, comme dans tout ce que fait M. Delacroix, on regrette l'absence de lignes un peu plus étudiées, qui donneraient figure humaine aux personnages. M. Delacroix en fait vraiment trop bon marché ; il se borne la plupart du temps à indiquer le mouvement et à colorier. Il ne manque pas d'autorités, je le sais pour affirmer que cela est suffisant, et que les lignes n'existent pas dans la nature : à l'aide de ce paradoxe, on est conduit à dire que M. Daumier, qui marque le mouvement avec beaucoup de précision, est un aussi grand dessinateur que Raphaël. Pour prouver apparemment qu'il ne partage pas ces hérésies et que, tout en ne pratiquant pas il croit cependant à l'existence du dessin, M. Delacroix a fait *une étude de femme nue* peignant devant son miroir son abondante chevelure d'or ; le diable, caché derrière, me fait l'effet de lui souffler quelque méchant conseil. On peut relever dans cette étude des imperfections de détail, des mains emmanchées d'une façon un peu lourde, des chairs d'un ton bien rougeâtre pour la teinte dorée des cheveux, laquelle caractérise, comme on sait les peaux les plus blanches ; mais l'ensemble est d'une grasse et chaude harmonie. Une belle draperie rouge dans le fond soutient cette gamme opulente.

Nous louerons M. Chassériau pour sa *Baigneuse endormie au bord d'une fontaine*, qui est d'une grâce sévère. Le nu dans ce style-là est rare aujourd'hui. On n'aborde plus volontiers ces grandes difficultés, ou bien on les traite avec une gaillardise qui nécessiterait la salutaire intervention du commissaire de police. On a beau abjurer ses premières croyances, il en reste toujours quelque chose, et fort heureusement pour M. Chassériau le goût de lignes de sa *Baigneuse* décèle l'ancien élève d'Ingres, qu'on ne retrouve plus d'autre part dans les *Cavaliers arabes emportant leurs morts après un combat avec les spahis*. Cette composition est assez confuse et manque de netteté. Entre trois ou quatre tableaux de petite dimension dont le coloris haché et dur fatigue l'œil, il est une *Femme de Pêcheur de Mola di Gaete embrassant son enfant*, qui mérite d'être distinguée pour un ressouvenir d'élégance florentine.

Nul ne s'entend en maçonnerie comme M. Decamps. Nous avons de lui un *Intérieur de cour* humide, où barbottent quelques canards. Le premier plan et les parties basses sont dans une ombre, fraîche et transparente. Au fond, une muraille plus élevée reçoit le soleil, un soleil du midi, large, splendide, qui fait scintiller comme des cristallisations chaque rugosité du crépissage. Ce mur blanc est surmonté d'un toit de briques qui se détache avec une vigueur et une harmonie surprenantes sur le bleu du ciel. Une petite servante portant un seau d'eau est très adroitement posée et finement peinte. Ah ! monsieur Courbet, que dites-vous de tant de science et de tant de ressources prodiguées en des sujets si vulgaires ? Les *Pirates grecs* sont encore plus délicatement traités ; ils sont trois, dans leurs plus pittoresques costumes, fumant leur chibouck sur des ballots, à l'encoignure d'une de ces cavernes au bord de la Méditerranée où les goëlands vont faire leurs nids ; le jour glisse obliquement sur les parois imprégnées de l'haleine de la mer, et va mourir dans le fond par une dégradation suave. À droite, on aperçoit, à travers l'ouverture, la plage éclairée par le soleil et un petit filet bleu de mer dans le lointain où se balance la voile triangulaire d'un chebeck. Dans une toile de six pouces, M. Decamps a mis un espace immense.

La *Fuite en Égypte* et le *Repos de la sainte Famille* sont des paysages à personnages bien composés et supérieurement peints. Le premier me semble préférable ; il est moins chargé de chrôme. M. Decamps abuse un peu du chrôme pour ses fonds : c'est un des principaux défauts de sa *Rébecca*. En traitant d'après Poussin la rencontre d'Éliézer et de Rébecca à la fontaine, M. Decamps, l'orientaliste par excellence : a dû revêtir le sujet de toute sa couleur locale. Autrefois on se souciait fort peu de la couleur locale : les Grecs de Racine se parlent comme on se parlait à Marly, et Véronèse ne s'est pas gêné pour habiller des Galiléens à la vénitienne. Qu'importe ? *Phèdre* et *les Noces de Cana* n'en seront pas moins éternellement des chefs-d'œuvre. En littérature, la couleur locale est un accessoire inutile, souvent nuisible, car après un certain temps il donne à un ouvrage des airs surannés : l'admiration des siècles consacre ceux-là seulement dont le succès ne repose que sur l'expression des passions et des sentiments, toujours jeunes, toujours nouveaux, du cœur humain. En peinture, on peut moins s'en passer, les exigences du public à cet endroit sont impérieuses. Nous ne tolérerions plus aujourd'hui en une scène orientale un costume de marchand de pastilles du sérail semblable à celui que Poussin a donné à son Éliézer. M. Decamps est un de ceux qui ont le plus contribué à nous rendre difficiles sous ce rapport, car c'est lui le premier qui a importé en France l'Orient véritable, et non l'Orient des bassas et des mamamouchis, dont se contentait la nonchalante érudition de nos ancêtres ; son tableau porte donc le cachet de nationalité le plus authentique. Et d'abord, la fontaine où vient puiser de l'eau Rébecca et ses suivantes n'est point telle que la concevait un Occidental du XVIIe siècle, qui n'avait jamais été plus loin que Rome, c'est-à-dire un simple puits à margelle surmonté d'une poulie : c'est une vaste citerne à l'ombre d'un bouquet de pins, où l'on descend par de larges gradins en pierre ; des esclaves demi-nus y emplissent des urnes canopéennes et les chargent sur leur tête. Pendant ce temps, Rébecca, vêtue de longues draperies blanches et accompagnée de ses suivantes, ainsi qu'il convient à la fille d'un cheikh du désert, accueille à quelque pas de là le serviteur d'Abraham, qui s'incline profondément de devant elle en croisant les bras sur sa poitrine. Sur l'arrière-plan, à l'entrée de la ville, sont les chameaux d'Éliezer. Pour donner de la distinction à la figure de Rebecca, M. Decamps, l'a faite un peu trop maigre. Dans le groupe des trois jeunes filles qui la suivent, il en est deux, vues de profil, l'une vêtue de rouge, l'autre de bleu, qui sont vraiment de délicieuses petites statues antiques. La troisième, en voile blanc, qui fait face au spectateur, est moins heureusement réussie. L'arrangement de sa tête lui donne, je ne sais comment, un petit air poudré et Pompadour. Parmi les esclaves vigoureusement peintes et dessinées dans un pur sentiment égyptien, une seule est à refaire ou seulement à recoiffer, c'est celle qui est assise sur le bord de la citerne ; une autre, agenouillée et plongeant son urne dans l'eau, est d'un mouvement très vrai ; on craint seulement que la tête ne l'entraîne et qu'elle ne se noie, car son bras n'est pas bien appuyé. Le paysage présente une disparate sensible entre le premier plan et le fond : les devants, garnis de plantes rampantes et de fleurs aquatiques, sont peints avec la vigueur accoutumée de M. Decamps ; .mais les lignes des collines dans le lointain, la teinte jaune qui domine, le ton dur des nuages, gâtent un peu ce tableau.

Le plus parfait morceau de l'exposition de M Decamps, et je dirais volontiers la perle du salon tout entier, c'est sa *Cavalerie turque asiatique traversant un gué*. C'est un dessin, un de ces dessins comme seul M. Decamps sait les faire, rehaussé de couleur en certaines parties, et possédant l'éclat, le relief de la peinture. Au centre, on voit un pacha à longue barbe majestueusement campé sur un cheval blanc que deux Arnautes, dans l'eau jusqu'à mi-corps ; guident et maintiennent à grand'peine sur le gué. Le fier animal tenu en bride à droite et à gauche par ses conducteurs, courbe la tête, écume et, en piaffant, disperse l'eau tout autour de lui. Divers groupes admirablement disposés accompagnent et suivent ; ils s'enlèvent en vigueur sur le fond clair occupé jusqu'à une grande profonde par une forêt de lances mêlée d'étendards à queues de cheval, de bannières, de croissants et de longs fusils au canon allongé portés en bandoulière. Ces têtes asiatiques à la peau bronzée au nez écrasé aux grosses lèvres et aux yeux obliques, sont d'un caractère incroyable : les uns ont le turban large et ballonné, d'autres le portent très long en arrière, suivant la mode d'Alep ; il y a aussi des kurdes à l'œil féroce, au nez de vautour, des Circassiens au casque surmonté d'un fer de lance, tous dans ces pittoresques costumes qui, avant peu de temps, ne se retrouveront plus que dans les dessins de M. Decamps. Les uns immobiles, la lance au poing, se rangent en haie sur le passage du séraskier, les autres luttent contre leurs chevaux, qui se cabrent. On entend les chefs crier des ordres, les chevaux hennir, l'eau clapoter sous leur sabot. Je ne crois pas qu'il soit possible de disposer avec plus d'art et de naturel une troupe dans le désordre forcé qu'occasionne le passage d'une rivière, et de dessiner plus finement chaque détail d'un si merveilleux ensemble.

À côté de M. Decamp nous placerons M. Hébert. Il y a plus de plaisir à louer qu'à blâmer et, quand on en trouve l'occasion, il faut la faire durer. Sur un de ces petits bateaux plats qui servent aux transports entre Rome et Ostie, une famille de *contadini* s'est embarquée pour fuir la *malaria*. Ils se laissent aller au fil de l'eau. Un homme robuste, jambes et bras nus, se tient debout à l'avant, armé d'une longue perche ; à l'arrière, un petit pâtre au chapeau pointu une vieille tenant sur ses genoux un *bambino* tout nu comme ceux qui inspiraient Raphaël, et deux jeunes femmes, dont l'une *tremble sa fièvre*, enveloppée dans son manteau brun, tandis que l'autre, qui tourne le dos au spectateur, se renverse avec grâce en laissant pendre sa main hors de la barque. Le contraste est bien exprimé entre la figure jaune et souffrante de la première femme et l'autre, qui assurément n'a pas la fièvre, à en juger par le ton chaud et sain de ses bras et de son cou, sur lequel descend une riche chevelure blonde. Les rives escarpées ont bien leur aspect morne et triste, le ciel est plombé comme dans un jour de sirocco, et la brume empestée de l'atmosphère se reflète sur les eaux lentes du Tibre, que rasent des hirondelles noires. Quelques détails de vive couleur rompent très heureusement l'harmonie étouffée de ce tableau, qui place M. Hébert aux premiers rangs. L'an dernier, si nous avons bonne mémoire, M. Hébert s'était un peu égaré en des fantaisies mignardes. Dans *la Malaria*, il déploie toutes ses qualités, un sentiment distingué, une couleur brillante, et, à travers le fondu de la touche, son dessin est très ferme et très sûr. Dans le portrait de Mme ***, on retrouve les mêmes mérites ; c'est une tête fine, délicate et d'une exquise douceur.

Le procédé de M. Vetter ressemble à celui de M. Hébert. Sa touche est grasse, harmonieuse. M. Vetter a plusieurs portraits ; une *Etude à la lampe* et une petite figure intitulée *Rabelais*, représentant un personnage en robe longue, lisant, assis contre un mur sur lequel grimpe un cep de vigne. M. Vetter n'a pas donné assez de solidité à son mur. L'*Etude à la lampe* est d'une couleur chaude et large, avec un parti pris d'ombres vigoureuses, et d'un excellent dessin.

Oublierons-nous, parmi les coloristes M, Robert Fleury, dont la peinture fuligineuse et soufrée trouve aussi des contrefacteurs, notamment MM. Aze et Thollot, qui brosse à la suite des robes noires d'inquisiteurs et des robes rouges de cardinaux ? M. Robert Fleury s'applique à donner dès à présent à ses tableaux cette *patine* que le temps a passée sur ceux des anciens. Il est probable que, lorsque ceux-ci sortaient de l'atelier, ils n'étaient point tels que nous les voyons, jaunis, et saupoudrés d'or ; il y a donc à parier que, pour s'être donne une vieillesse prématurée, les Robert Fleury, dans cent ans, auront tout à fait poussé au noir. M. Robert Fleury a une prédilection particulière pour les costumes vénitiens. Pour satisfaire ce goût, il ne pouvait choisir un meilleur sujet que la réception de l'envoyé de Henri IV par le doge : les longues robes flottantes serrées au collet des sénateurs sont adroitement groupées dans ce tableau, et forment de belles masses de couleur, où la dominante est un rouge sombre. Il y a beaucoup d'air entre ces personnages. M. Fleury n'a t-il point exagéré la petitesse des têtes ? N'aurait-il pu serrer davantage aussi son dessin ? On aperçoit à peine deux ou trois mains dans cette nombreuse assemblée, et ces mains sont fort peu soignées.

Dans les grandes compositions, il faut encore citer la *Jane Shore* du même peintre, sujet peu intéressant que l'auteur, n'a pas relevé ; un *André Vesale*, de M. Blagdon, venant pendant la nuit dérober au gibet un cadavre de supplicié, féroce peinture dans la manière de Caravage ; le *Saint Sébastien* de M. Tabar, le *Massacre des Mameluks* de M. Odier, *Roméo et Juliette* de M. Guermann Bohn, où règne un sentiment de mélancolie exagéré, mais qui ne manque pas de distinction, et particulièrement *la Mort d'une Sœur de charité* de M. fils, qui se recommande par beaucoup d'onction dans la pensée et une belle couleur.

M. Meissonier ne réussit pas toujours ; des cinq tableaux qu'il a exposés il n'en est qu'un qui justifie suffisamment l'admiration un peu outrée qui s'attache aux productions de son pinceau. C'est le *Peintre montrant des dessins*, sujet déjà traité par M. Meissonier, qui n'a pas l'habitude de se mettre en grands frais d'imagination. Deux hommes en costume Louis. XV, l'un en habit noir, l'autre gorge de pigeon, sont debout devant un grand carton ouvert. L'homme noir, qui nous tourne le dos, en a tiré un dessin qu'il présente à l'amateur. Celui-ci examine avec une attention admirablement exprimée. La tête est un peu penchée en avant, les yeux clignent légèrement ; la main gauche, par un mouvement machinal très habituel, tourmente la bouche et le menton. Cette main est un peu bosselée et bouffie, mais pourtant assez d'accord avec l'embonpoint raisonnable du personnage. Le désordre pittoresque d'un cabinet d'artiste a fourni à M. Meissonier l'occasion de disposer avec goût ces mille petits riens et ces détails d'ameublement qui font le charme du *home*, et disent au premier coup d'œil le caractère, les goûts, la profession du maître. Ici ce sont des esquisses, des statuettes ; là, un potiche bleu de Chine où trempent les pinceaux, trois ou quatre chrysanthèmes dans un verre de Bohème ; des tableaux sont accrochés au mur du fond : ce mur ne vient-il point trop en avant ? *Le Dimanche* nous montre des villageois (toujours du XVIIIe siècle) chômant sous la treille le jour du repos. Chaque fois que nous ayons examiné ce tableau ; nous aurions voulu pouvoir en enlever ces délicieux Lilliputiens qui jouent au tonneau, fument ou boivent de la bière ; nous ferions bon marché du reste : la guinguette en effet est sans perspective, la tonnelle manque de dessous, et le ton vert-clair des arbres, combiné avec un certain bleuâtre général qui court sur le ciel, sur les murs et sur les personnages, forme une gamme tout-à-fait criarde. Par la taille comparative des personnages, M. Meissonier a indiqué une grande profondeur, et pourtant son tableau est plat et n'a pas d'air. — Le *Joueur de luth* en costume espagnol, figure isolée un pied posé sur un tabouret, ressemblé à tous les Watteau possibles. La pose et le dessin de cette figure valent mieux que la couleur. Remarquons en passant la main qui racle l'instrument, et qui est d'une grosseur démesurée pour le corps. On rencontre souvent dans les tableaux de M. Meissonier de ces disproportions qui prouvent tout simplement un excès de sphéricité dans l'œil de ce peintre. Sa prunelle, jouant absolument le rôle d'un objectif de daguerréotype, lui grossit outre mesure les objets les plus rapprochés.

Une rue déserte, les portes closes, les volets fermés, sur un tas de pavés remués gisent des cadavres sanglants : telle est la donnée d'un *Souvenir de guerre civile*. Elle est dramatique et bien conçue. Je loue M. Meissonier de n'avoir pas cédé à la tentation d'y rien ajouter, d'introduire, par exemple, quelque être vivant, soldat ou insurgé, qui changerait aussitôt la nature de l'impression ; mais pourquoi jeter dans la rue cette teinte sombre ? Pourquoi un effet de crépuscule ? L'aspect d'une rue déserte pendant la nuit ou à quatre heures du matin n'a rien de bien étrange ; mais qui de nous avait jamais vu Paris sans souffle et sans bruit en plein midi de juin ? Quel plus morne contraste que celui de ce clair soleil illuminant les volets accoutumés à l'humidité de la nuit, miroitant sur les flaques de sang, caressant la face contractée des cadavres et les pavés arides de ses rayons habitués à jouer sur les pelouses ! Voilà l'accent lugubre qu'il fallait saisir. Dans le premier plan, M. Meissonier a échoué tout-à-fait. Les cadavres sont à peine visibles et se confondent avec les pavés. Avec une attention soutenue, on n'arrive pas à discerner une tête, un bras, une jambe. Il ne faut pas que, pour chercher des effets larges, M. Meissonier sacrifie la netteté et la précision ; sans cela, que lui restera-t-il ?

En somme, nous n'avons pas un enthousiasme excessif pour ces habiletés qui consistent à peser des neufs de mouche, dans des balances de toile d'araignée. De pareils exercices ne prennent généralement faveur qu'au sein des civilisations épuisées, ou bien auprès des esprits blasés sur l'ordinaire, et des cerveaux étroits. Il faut être Chinois pour s'y passionner. Dès qu'il devient nécessaire de prendre une loupe pour découvrir les mondes de perfection qu'à force de patience vous avez entassés dans un pouce de toile, l'attention se détourne uniquement sur le procédé et le tour de force, votre effet est manqué ; peintre et public s'habituent bientôt à ne plus tenir compte que de la difficulté vaincue ; la peinture se fait industrie, et, à force de se rétrécir en des mièvreries microscopiques, elle descend à l'ornementation des porcelaines et des couvercles de tabatières.

M. Fauvelet, le satellite de M. Meissonier, sera bientôt pour lui un sérieux concurrent Son *Ciseleur* accoudé sur un établi vaut bien le *Joueur de luth*, et a moins de sécheresse. La tête est très fine ; on voudrait seulement des cuisses mieux dessinées et mieux posées. – Les précédents ouvrages de M. Penguilly faisaient mieux augurer de lui. Maintenant il tombe dans une manière dure qui semble emprunté aux Allemands et à la gravure sur bois. Il y a cependant toujours des qualités de dessin dans le *Dimanche avant Vêpres*, le *Lansquenet ivre* et dans plusieurs petits thèmes fantastiques, qui montrent que l'auteur aime à rêver au clair de lune : *le Sabbat, la Danseuse et le feu follet*, le *Clair de lune*. Après tout, mieux vaut dessiner avec un clou que ne pas dessiner du tout, et le danger aujourd'hui n'est pas du côté où se jette M. Penguilly.

Aussi nous intéressons nous extrêmement à l'entreprise de M. Gérôme. Ce jeune peintre, remontant le courant général, est un des rares fidèles chez qui l'on retrouve le culte du dessin et les saines traditions de l'art. On se souvient du début de M. Gérôme. Son *Combat, de coqs* le plaça dans les premiers rangs. Aujourd'hui les renommées en tous genres se fondent vite : un discours, un acte joliment tourné, un premier tableau, font du soir au lendemain d'un inconnu un orateur, un homme d'état un poète dramatique ou un peintre. Malheureusement cette bienveillance de premier abord ne se soutient pas ; le retour est aussi prompt que l'avait été l'engouement et l'artiste trop tôt bercé tombe de toute la hauteur d'un espoir exagéré. Il s'en faut que les deux tableaux de M. Gérôme, *un Intérieur grec, Bacchus et l'Amour ivres*, portent le charme, la saveur de nouveauté qui fit le succès du *Combat de coqs* ; mais, à coup sûr, les qualités d'exécution, dont l'auteur avait fait preuve, n'y sont aucunement diminuées. Le second de ces deux tableaux représente Éros et Bacchus après boire, bras dessus, bras dessous, décrivant des zigzags dans les sentiers émaillés de primevères. Le petit dieu du vin ploie sous l'ivresse ; sa tête couronnée de pampre fléchit sur sa poitrine ; ses jambes ont perdu toute solidité ; la coupe et l'urne étrusques sont près de tomber de ses mains ; son compagnon qui s'est mieux conservé, le soutient, et, de sa main gauche étendue, il lui montre, le petit corrupteur, un bosquet où les nymphes dansent en rond. Cette composition est gracieuse, poétique, parfumée au souffle embaumé des lauriers roses du Pamisus. Le groupe d'Éros et de Bacchus est parfaitement agencé et d'un dessin qui rappelle les chairs si fermes et si potelées des deux enfants de *la Jardinière* de Raphaël. Nous ne regrettons dans tout le tableau que la couleur des cheveux de l'Amour. Sans arriver à une teinte aussi fade, M. Gérôme pouvait, je crois, conserver l'opposition qu'il a introduite entre ses deux *bambins*.

*L'Intérieur grec*, puisque intérieur il y a, soulève de graves objections. Est-il permis à un artiste de représenter toute sorte de sujet à l'histoire de la peinture dit oui ; la morale de nos jours dit non. Léonard et Michel Ange ont fait chacun une Léda ; Titien une certaine nymphe couchée (je ne veux citer que les chefs d'œuvre), qui ne sont rien moins qu'orthodoxes ; je ne sache pas que ces grands hommes aient été accuses de corrompre leur siècle. Nous avouons même que leur sublime impudeur nous paraît beaucoup moins attentatoire à la morale que les mille petites infamies vêtues, les coups de vent, les culbutes et les jeux de mains dont on nous donne le ragoût journalier. D'autre part, Diderot, qui n'était pas un capucin, blâmait Boucher de ses nudités en disant : « J'aime les… nudités (le terme est plus précis) mais je ne veux pas qu'on me les montre. Ce mot est caractéristique et peint bien le besoin de décence que réclament nos mœurs jusque dans la débauche. Hypocrite ou non, cette décence veut être respectée. De même que certaines locutions autrefois admises ne peuvent plus se rencontrer sur les lèvres d'un homme bien élevé parlant dans une compagnie, de même sommes-nous choqués à bon droit de la liberté que prend M. Gérôme de venir articuler en plein salon un mot inconvenant. Ce mot est écrit à chaque coin de son tableau, si ce n'est dans le livret. Cette image de la volupté vénale était donc inadmissible en public, quand bien même M. Gérôme y eût mis le style de Michel Ange et la perfection de Léonard. M. Gérôme ; fera bien de ne pas pousser plus avant ses excursions dans cette voie, et nous nous permettrons également de lui conseiller de ne pas trop sacrifier à l'archaïsme et au goût néo-grec, qui parfois peuvent faire supposer disette d'imagination.

M. Picou a moins de dessin et de science que M. Gérôme ; mais sa fantaisie nous entraîne après lui dans les rêveries d'un naturalisme poétique qui repose des brutalités à la mode. Il sait ce que *l'Esprit des nuits* porté sur un rayon de lune murmure à l'oreille des jeunes filles, et le soir, quand l'étoile de Vénus se lève au ciel limpide, il erre dans les prés, où une troupe gracieuse, aux tuniques flottantes, cueille la marguerite. M. Gendron, autre poète, s'embarque, en costume de Giorgione, avec des parfums et des chœurs de musique, sur le Lido, embrasé des feux du couchant. Un autre tableau de M. tendron, les *Néréides*, est d'une inspiration ingénieuse, et dénote chez cet artiste une grande richesse d'imagination.

Parmi tous les artistes dont nous venons d'étudier les ouvrages, il en est peu qui ne peignent aussi accessoirement le portrait, qui n'est point un genre à part, mais une fraction de la grande peinture : nous les avons cités chemin faisant. Un petit nombre seulement paraît vouloir s'appliquer à ce genre d'une façon spéciale. Dans l'appréciation des ouvrages de nos portraitistes, il y a une comparaison intéressante à établir entre les deux manières qui, depuis Florence et Venise, se partagent la peinture, et qui, jusqu'à la fin du monde, continueront à se côtoyer sans jamais pouvoir s'absorber, et en produisant des œuvres également recommandables. Laquelle des deux est supérieure ou préférable à l'autre ? Question à jamais insoluble. Quand on entre dans la salle d'Apollon, au palais Pitti, on rencontre en face de soi le portrait de Rembrandt par lui-même, placé entre les deux portraits d'Angiolo Doni et de sa femme Maddalena Strozzi. L'intelligent conservateur de la galerie du grand-duc, en établissant ce rapprochement, a peut-être cru n'être qu'ingénieux ; il s'est montré profond. Devant ces deux termes extrêmes de la perfection idéale toute querelle est vidée entre le dessin et la couleur ; tout parti-pris, toute préférence s'efface dans une même et foudroyante admiration.

Nous avons donc des portraitistes dessinateurs et des portraitistes coloristes. MM. Amaury Duval, Hippolyte Flandrin et Lehmann se distinguent parmi les premiers. M. Amaury Duval procède par effets heurtés, sa couleur est sombre et lourde. M. Flandrin a fait autrefois des portraits bien supérieurs à celui de MM. D., bien qu'on y trouve les qualités de dessin dont il ne sait en aucun cas se départir. Quant à M. Lehmann dans son envoi au salon de cette année, il est trois portraits qui nous semblent réunir la plus grande somme des qualités qu'il recherche et se ressentir le moins des désagréments qui accompagnent trop souvent ces qualités. M. Lehmann étudie extraordinairement, il détaille avec beaucoup de soin, quoique sans minutie et avec une rigueur de dessin implacable. Malheur au modèle insignifiant, vulgaire ou blafard qui pose devant lui ! Ce n'est pas la pointe rigide du pinceau de M. Lehmann qui l'idéalisera ; tout en lui donnant la vie et le mouvement, M. Lehmann l'aura buriné sans voile, sans aucun artifice de clair-obscur qui aurait pu sauver les lignes défectueuses, échauffer la froideur, faire saillir le recoin de beauté que chacun porte plus ou moins enfoui. Quand M. Lehmann a rencontré une tête charmante et gracieuse domine celle de Mlle ***, de belles lignes comme chez Mme L***, ou un modèle à caractère comme celui dont il a fait une *Étude*, on peut mieux goûter son style, la finesse de son modelé et son goût d'ajustement ; mais sa couleur n'en reste pas moins toujours âpre, sèche et fatigante. C'est grand dommage pour le *portrait de Mlle…*, dont la chevelure blonde et le teint éblouissant appelaient une touche plus moelleuse. Dans celui de M. Ponsard, le peintre n'a-t-il pas outré l'expression en donnant à l'auteur de *Lucrèce* l'aspect d'un bandit de la Sierra Morena ? La grande *Étude* de M. Lehmann est d'une fière tournure. Cette tête superbe, dont les yeux lancent des éclairs, dont les lèvres arquées et souriantes sont prêtes à décocher un sarcasme, ressemble à quelque splendide portrait du Bronzino, ce peintre des grands airs et des attitudes hardies. Le modelé dans les parties nues, la tête, le cou, les épaules, en est très savant. Pourquoi M. Lehmann a-t-il fait les mains si noires, comme dans plusieurs autres de ses tableaux ? on ne saurait trop louer les accessoires, la robe de velours, la fourrure qui sert de passage entre l'étoffe et les chairs, et les rubans de couleur éclatante qui relèvent si heureusement les cheveux noirs.

Avec une égale habileté d'arrangement, M. Ricard montre plus de variété et de souplesse ; amoureux de la couleur, il se plaît en des essais charmants de styles divers, suivant les types que lui offrent ses modèles. A-t-il devant les yeux une tête au large front paisible, aux chairs éclatantes, aux cheveux et à la barbe fauve, il lui passe un pourpoint : et une collerette, et son pinceau, heureux de fouiller dans ces trésors, fait apparaître un Flamand de la meilleure époque. Ailleurs, c'est une Vénitienne en robe de velours, manches à crevés de satin couleur de feu, aux splendides carnations. La pâte solide et fine de ce tableau, la largeur de la touche, la transparence et la légèreté des ombres dénotent une habileté de brosse extraordinaire. Les yeux sont doux, et profonds, les mains, admirablement dessinées, et le rosé de la poitrine avec le temps se changera en ces belles teintes d'or qui courent sur les bras et les épaules de la maîtresse du Titien. À ceux qui pourraient l'accuser de pastiche et d'artifice, M. Ricard prouve, en restant dans le XIXe siècle, qu'il ne perd rien de ses qualités, lesquelles ; dégagées de la séduction des souvenirs, apparaissent alors dans leur véritable originalité. Plusieurs portraits d'hommes, d'une facture variée suivant les modèles, montrent que M. Ricard sait, en n'étant que lui-même, déployer un talent considérable et tout-à-fait hors ligne.

Deux portraits de femmes de M. Chaplin, méritent une attention spéciale. Celle qui est assise en robe gris perle est d'un ton général plein de suavité ; le second portrait est d'une gamme plus fougueuse, mais, quoique très beau, il n'a pas le charme pénétrant du premier. M. Chaplin ne peut manquer de réussir dans le portrait, il possède à un haut degré le naturel des poses, sa couleur est franche ; mais, ainsi que M. Landelle, il a besoin de serrer son dessin. Les portraits de M. Landelle ont de la grâce, ceux de M. Larivière un fini un peu mou, ceux de M. Vastine et de Mme Juillerat beaucoup de fermeté dans la manière. Le *Portrait de Mme F.*, par M. Édouard Dubufe se distingue par un air de tête des plus vrais et des plus gracieux. Les mains, habilement dessinées sont croisées par un mouvement d'abandon charmant. La couleur rose de la robe accompagne bien le velouté du visage et les accessoires de la toilette choisis par M. Dubufe avec un goût exquis, auquel on ne peut comparer que celui déployé par M. Giraud dans le *Portrait de la princesse Mathilde*. Les pastels de M. Giraud et ceux de M. Borione visent également à l'énergie. Ils y arrivent, mais par deux chemins opposés. M. Giraud a un faire plus large, plus cru : à distance ; il produit beaucoup d'effet ; mais cet effet n'est-il pas un peu semblable à celui de la peinture de décor ? Un pastel est généralement fait pour être vu de près ; il nous semble donc que M. Borione est mieux dans les conditions du genre. Ses portraits sont très travaillés, et il y obtient une sorte de clair-obscur, à la Rembrandt. Sans tomber dans la fadeur, qui est l'écueil du pastel, Mlle Nina Bianchi fait une habile combinaison des deux manières. Sa touche est très solide, sans être heurtée. À voir les trois portraits qu'elle a exposés, on ne se douterait pas qu'ils sont l'œuvre d'une femme. Il y a bien de la grâce aussi et de la finesse dans une copie faite d'après une miniature de 1791, représentant Madame, fille de Louis XVI. Le pastel comme le traitent Mme Bianchi, MM. Giraud et Borione, acquiert dans le portrait le degré de vérité de la peinture à l'huile Mlle Louise Églé et M. Frédéric Gros-Claude occupent aussi un rang très honorable dans ce genre.

## Section III

En ce siècle « vide de tout, » combien sont tentés de prendrez pour devise le mélancolique sonnet de Michel Ange :

Grato m'e'l sonno !…

Les âmes fières et délicates qui ne voudraient plus *rien voir ni entendre* se replient avec une sorte de passion vers la nature, à laquelle on ne songeait pas autant lorsqu'on croyait à Dieu ou aux hommes ! Ainsi, s'explique le penchant toujours plus prononcé qui attire la foule vers les œuvres de nos paysagistes. La vogue qui leur est acquise est tout-à-fait, méritée. Le paysage prend décidément une supériorité incontestable, nous voyons chaque année se grossir le nombre de ceux qui le traitent et le traitent bien. La réaction réaliste ne lui a point été nuisible : elle ne pouvait avoir pour les paysagistes le même danger que pour les peintres d'histoire et de genre. Rien n'est laid dans la nature que ce qui tient à l'homme ou ce que sa main y introduit, et encore lui est-il bien difficile de se garantir de la bienfaisante influence qui corrige, efface sourdement ses conceptions inélégantes, jette un riche manteau sur les pauvretés de son industrie. Si l'on transportait et si l'on abandonnait dans une clairière de la forêt de Compiègne la plus laide maison de nos faubourgs, je ne doute pas qu'en peu d'années l'harmonieuse nature n'en fît quelque chose de très agréable à l'œil : la pluie du ciel, lessivant son badigeon, le remplacerait par une mosaïque de lichens raboteux, de fucus aux mille nuances ; le vent et les oiseaux du ciel ensemenceraient son toit et convertiraient ses cheminées en flots de giroflées ; le liseron des haies, l'aristoloche et la clématite enrouant ses gouttières, quelques jeunes chênes étreignant ses murs, forçant les lézardes de leurs tiges noueuses, substitueraient aux lignes équarries les inépuisables caprices de leur architecture. Dans la langue humaine ; nous appelons cela destruction mais il ne s'agit que de s'entendre sur la valeur des mots. Où en serait notre pauvre planète, si la main de Dieu ne corrigeait sans cesse les sottises dont nous la couvrons sous prétexte d'utilité ou d'ornement ?

La méthode de l'à-peu-près, introduite et soutenue par MM. Diaz, Leleux, etc. n'a point été non plus trop fâcheuse pour le paysage, où, à l'exception des premiers plans, les objets sont indiqués plutôt que délimités à cause de la distance, et où les lignes peuvent varier à l'infini sans choquer la vraisemblance. Au point de vue de la lumière et de la couleur, l'intervention des réalistes a été salutaire dans un genre qui s'était beaucoup ressenti de la sécheresse de l'école impériale. Aussi M. Diaz, qui n'en fait pas métier et qui par passe-temps cherche des paysages dans les raclures de sa palette, M. Diaz est un de nos meilleurs paysagistes. Son plus beau tableau, cette année, est assurément le *Soleil couchant*. Au centre de la toile, dans le fond, le soleil descend sur l'horizon. Des bandes horizontales de nuages raient son disque rouge et dilate se fondent en quelque sorte dans la fournaise que reflètent les eaux dormantes d'une mare au milieu d'une lande inculte. Quelques bouquets d'arbres rabougris et sauvages complètent cette magnifique scène de couleur. Les terrains du premier plan, à droite et à gauche, sont faibles et mal accusés ; mais quelle gamme splendide depuis le foyer lumineux jusqu'aux dernières dégradations du zénith ! quelles valeurs de tons entre le ciel et le marais inondé de feu ! Comme ce petit tableau éclipse ses voisins, dont l'un n'est ni plus ni moins pourtant que *le Tombeau de l'Amour*, du même auteur !

En copiant la nature telle qu'elle se présente et en sacrifiant absolument les détails aux masses et aux grands effets, les paysagistes ont gagné sous le rapport du pittoresque, du nombre et de l'harmonie ; en revanche, ils pèchent du côté de la composition. L'absence de composition jointe à la faiblesse des premiers plans, est le caractère général de leurs ouvrages. Les fonds, au contraire, sont bien traités, et les ciels ont quelquefois beaucoup de transparence et d'éclat. M. Rousseau, à cet égard, affiche de grandes prétentions, que nous ne trouvons pas toujours bien justifiées, et encore est-ce là le plus gros de son bagage, car, de la vérité des formes et du dessin, avec lui il n'en faut pas parler. Parmi les paysages de M. Rousseau, nous trouvons deux éditions du même site, une. *Lisière de forêt* par un effet du matin et par un effet du soir. À travers un encadrement de gros chênes tortus et noircis, l'œil plonge sur une plaine au bout de laquelle est le centre de la lumière, Dans *l'Effet du soir*, M. Rousseau a disposé son soleil couchant absolument comme celui de M. Diaz ; mais la différence est grande. Combien celui-ci est plus hardi, plus franc, tout en conservant à son fond la légèreté et la transparence que M. Rousseau cherche dans une sorte de remoulade confuse ! Le soleil couchant de M. Rousseau jette une lueur bien grisâtre, qui peut se rencontrer quelquefois par hasard et que nous nous garderons de nier, car les effets les plus bizarres se rencontrent. En général il faut être sobre de ces bizarreries, qui sont des exceptions et qui peuvent paraître incroyables. Or M. Rousseau s'attache toujours à l'effet bizarre. Il y a un arbre au milieu de la plaire qui se dessine en silhouette et semble poudré à frimas, une flaque d'eau pareille à de la résine figée ; enfin les grands chênes du devant sont plaqués sur le fond clair sans saillie et sans ombre, comme s'ils n'étaient qu'un repoussoir disposé tout autour de la toile pour faire valoir le fond. C'est peut être très beau de faire de la lumière sans ombres ; mais, à coup sûr, cela n'est pas dans la nature, quelque bizarrerie qu'on veuille bien supposer. Ce qui n'est pas non plus dans la nature, ce sont des vaches ressemblant à des chaumières, des chaumières qu'on pourrait prendre pour des rochers, et des rochers de même air que les arbres. M. Rousseau traite tous les objets d'une façon identique, de sorte qu'on a beau s'approcher, reculer, s'approcher encore ; on ne discerne, la plupart du temps, que par induction. Voyez plutôt son *Plateau de Belle-Croix* ; qui est du reste ce qu'il a peint de plus vigoureux. *L'Entrée du Bas-Bréau* serait aussi un tableau d'un grand effet, si l'on pouvait appeler tableau un pâté de couleur informe et sans nom. Des deux *Effets du matin*, il y en a un surtout qui, sous prétexte de brouillard, est effacé gomme un pastel sur lequel on promènerait la manche de son habit. Il faut que M. Rousseau ait une bien haute opinion de l'indulgence du public, pour lui présenter en guise de tableaux de semblables décoctions de chicorée.

Il y a dans la jeune école en ce moment-ci plus d'un paysagiste dont le nom n'est pas discuté aussi bruyamment que celui de M. Rousseau, et qui, dans ces à-peu-près vaporeux, réussit aussi bien que lui, sans se donner des allures aussi extraordinaires. La liste en serait longue ; pour n'en citer que quelques-uns, nous n'avons que l'embarras du choix. Ce sera, si l'on veut, M. Haffner ; dont les paysages d'Alsace et de Bade : sont très justes de ton pleins d'ombre et de fraîcheur. Il y a beaucoup d'air et un espace immense dans un petit tableau de M. Catrufo, *Souvenir des bords de la Loire*. M. Émile Toudouze peint les landes de Bretagne par un temps de pluie ; le ciel a disparu sous un linceul de nuages ; à peine une mince zone éclaircie à l'horizon laisse-elle distinguer une file de bœufs courant sous l'aiguillon d'un cavalier. La même sombre harmonie bretonne est reproduite dans un *Paysage après l'orage* de M. Villevieille : le terrain noirâtre, la chaumière rouillée y reflètent avec beaucoup de précision les tons ardoisés du ciel. La *Mare à Cernay* de M. Lambinet, où s'ébattent des canards, un *Etang de Ville-d'Avray*, sont d'une belle limpidité. M Daubigny fait de charmantes vues de rivières. Dans *les Iles vierges à Bezon*, la verdure tendre, des grands arbres élégants et allongés se marie doucement avec le gris-perlé des eaux. La touche est moelleuse. Il faudrait seulement un peu plus de relief, des teintes moins plates. M. Chintreuil sait reproduire la profonde sérénité du ciel, quand le soleil a disparu : depuis une demi-heure, et que les objets ne sont plus que des silhouettes. C'est encore un effet, mais ce n'est pas un paysage Il en est de même du *Crépuscule* si limpide de M. Lefortier. Il y a également un charmant effet de bruyères en fleurs sur le *Plateau de Belle-Croix* de M. Lavielle. Quelques pointes de rocs coiffées de mousse desséchée et blanchâtre percent à travers la masse rouge de cette moisson de l'automne, et produisent les plus heureux contraste. On regrette que les arbres ne soient pas faits. L'*Intérieur de forêt* de M. Bodmer est plus étudié. Des arbres dépouillés, d'autres encore garnis de feuilles mortes, quelques ifs et sapins toujours verts se dessinent sur un ciel d'automne ; un troupeau de biches effrayées bondit et fait crépiter les fougères flétries. M. Bodmer a très artistiquement groupé ces tons gris, verts et roux. M. Loubon nous transporte hors de cette nature un peu uniforme qui, pour la masse de nos paysagistes parisiens, a sa plus haute expression dans la forêt de Fontainebleau, et il peint des sites du midi, entre lesquels nous avons remarqué une vue du *Pont Flavien*, près de Saint-Chamas, à l'entrée de la plaine de la Crau, cette steppe de la France. Nous pourrions encore citer *la Rivière de Safsaf au soleil levant*, e M. Frère, ressouvenir de Marilhat, les *Vues de la forêt de Compiègne* de M. Labbé, les paysage de Provence de M. Imer, ceux de MM. Hubert, Brissot de Warville, Grenet, Chaigneau, Hanoteau, Anastasi, Louis Leroy et Pascal, qui tous composent plus ou moins, dessinent ou ne dessinent pas, mais expriment en général un sentiment vrai des hamonies rustiques qu'ils communiquent au spectateur.

Dans cette même forêt de Fontainebleau, où M Rousseau pose les confins de son univers, M. Paul Huet a choisi deux motifs : *la Butte-aux-Aires*, et *les Enfants dans les bois*, devant lesquels l'esprit s'ouvre aux fraîches sensations d'une nature poétiquement rendue au lieu de s'arrêter distrait aux étrangetés de procédé et à la furie prétentieuse de la brosse. C'est manquer tout-à-fait le but, à mon avis, que de nous montrer des tons, quand nous voudrions voir des arbres, et de nous présenter avec fracas des curiosités de palette, quand nous cherchons un petit coin de vallée paisible, invitant au repos. M. Paul Huet a plus de jugement ; d'abord il compose avec goût, fait un choix intelligent, et a vue de ses bois épais, où le soleil glisse à travers le feuillage sur les troncs moussus ses rayons obliques, on ne songe qu'au plaisir qu'il y aurait à y vivre. C'est là le mérite suprême de M. Corot. Ce grand artiste, qui n'est pas aussi peintre dans l'acception technique du mot que beaucoup de ses confrères, les surpasse tous par le sentiment poétique dont la moindre de ses esquisses est animée, quelles que soient d'ailleurs les imperfections qu'on lui peut justement reprocher. Il se répète si l'on veut, et dispose trop souvent ses tableaux de la même manière ; ses premiers plans, presque toujours dans l'ombre sont trop souvent cotonneux et maladroits met ses arbres couleur de suie. Tout cela est vrai ; mais à la sincérité de la nature prise sur le fait Corot allie tant de noblesse et tant d'élégance ; sa gamme, ordinairement assourdie, est si juste, et il sait quelquefois quoi qu'on en dise, lui donner tant d'éclat, comme dans son *Soleil couchant, site du Tyrol italien* ! A droite, sur le devant, un magnifique bosquet faisant rideau ; au centre, la surface paisible d'un lac bordé à gauche par quelques blocs de rochers qui projettent dans l'eau leur reflet tremblant, et au fond une chaîne de collines qui fuient à perte de vue, illuminées des feux du couchant. De légers nuages aux flancs rosés sont suspendus dans un ciel brillant et vaporeux que ne désavouerait pas Claude Lorrain. Cette composition lumineuse et calme fait bien oublier les violences de M. Rousseau, ses effets rissolés, comme aussi les empâtements de chrôme de M. Decamps. Le *Lever du soleil*, conçu dans un goût analogue, est plus frais encore ; il y a entre ces deux tableaux la différence bien sentie du soir au matin. *Une matinée* présente une disposition originale. Un rideau d'arbres gracieusement enroulés de lierre, comme les aime M. Corot, fermerait tout le second plan, si le peintre n'y avait ménagé quelques trouées, véritables arcades de feuillage à travers lesquelles la vue plonge dans une vaste plaine. Le jour arrive de côté sur la plateforme du premier plan où des nymphes s'ébattent sur le gazon. Nous nous permettrons de faire observer à M. Corot qu'il ne faut pas abuser des choses les plus charmantes. Les nymphes dont M. Corot peuple ses bois sont des accessoires naïfs qui n'ajoutent pas grand'chose à la valeur réelle d'un paysage ; comme, opposition, deux ou trois vaches, un pâtre, un cavalier cheminant sur sa bête, feraient tout aussi bien l'affaire, et la poésie n'y perdrait rien.

Il faut laisser cette population hétéroclite de faunes, d'hamadryades et d'égipans à MM. Gaspard Lacroix et Desgoffe, qui persistent à cultiver l'académique terrain de Paphos et de Chypre. M. Desgoffe inscrit bien dans le livret la prétention de représenter la campagne de Rome et *le Lac d'Albano* ; mais il faudrait pour l'admettre que personne n'eût été à Albano, et que M. Français ne nous montrât pas à côté ses *Bords du Teverone*, ses *Vues de l'Arriccia, de l'Anio, de Genzano* et *du Lac de Nemi*. Les *Bords du Teverone* sont de cette belle couleur blonde qui dore le soir la campagne de Rome ; une chaude vapeur cercle l'horizon. Par une singularité choquante, les devants jurent un peu avec le fond, si italien ; le peintre semble y avoir transporté la nature d'un autre pays. La *Prairie dans la campagne de Rome* est vraiment rutilante ; mais pourquoi M. Français, dans ses deux vues très exactes et très délicates du reste des *Bords de l'Anio* et *de Genzano*, a-t-il adopté un jour si sombre et ce ciel du nord ? Nous avons éprouvé du chagrin de ne pas retrouver tels qu'ils resteront toujours dans notre souvenir ces délicieux sentiers qui mènent de Frascati à. Albano par le vallon de Marino, les magnifiques châtaigniers de l'Arriccia et les pentes agrestes, inondées des rayons d'un soleil perpendiculaire, au fond desquelles dort enchâssé le limpide lac de Nemi. M. Chevalier de Valdrome a bien le sentiment de cette nature romane. Son *Crépuscule dans les marais Pontins* est à la fois une étude fidèle et un tableau d'excellent style ; le style est tout trouvé quand on peint la campagne de Rome ; il suffit d'ouvrir les yeux, et il est superflu d'y ajouter des lignes de convention, comme font les paysagistes de l'école de M. Desgoffe. M. Paul Flandrin, lui, sait rester dans une juste mesure. Ses paysages sont des vues très vraies et très belles de cette noble nature ; ils ne se rattachent au genre historique que par les nymphes et les bergers armés de chalumeaux qu'on est fâché d'y rencontrer.

Au milieu du mouvement si caractérisé où se trouvent entraînés les peintres de paysage, on est frappé de voir d'anciens maîtres et des artistes fort estimés rester un peu distancés, quelquefois au-dessous d'eux-mêmes. Nous ne retrouvons pas par exemple, dans la *Vue prise à Saint-Denis*, le moelleux accoutumé de M. Flers. M. Thuillier développe les défauts dont sa manière portait le germe ; il devient dur par trop de finesse et de netteté comme dans ses deux *Vues* de Hollande ; celle prise aux environs de Montoirs est meilleure et d'un faire plus large. Enfin M. Cabat tourne, à la porcelaine, et, à force d'application, il tue le charme et la fraîcheur de ses paysages. La vue en est généralement peu attrayante, et ils manquent de cette saveur rustique qui s'exhale de beaucoup de petites toiles modestes et sans prétentions. M. Cabat arrange trop. Les masses d'arbres qu'il a plantées dans *un Bois au bord d'une rivière* appartiennent plutôt à un parc qu'à un véritable bois ; le fini des détails et un certain pointillé dans le feuillage et les herbes du terrain engendrent la sécheresse, les eaux sont laiteuses et les ciels savonneux, particulièrement dans *la Prairie près de Dieppe*. Le premier tableau que je viens de citer est, en somme, celui où l'on retrouve le plus les anciennes qualités de M. Cabat, et où la beauté des masses est soutenue par une exécution solide des détails. Je n'oserais pas avancer que M. Cabat ait recueilli l'héritage de l'ancienne école Bidault, cela regarde mieux M. Hostein, mais il ne serait pas impossible qu'on lui trouvât quelque parente de ce côté.

M. Pron tient ses promesses de l'an dernier ; il a fait les plus grands progrès. Il a la grâce naïve et la simplicité de la nouvelle école en même temps qu'une exécution plus finie. On sent une pénétrante fraîcheur dans son tableau du *Matin*. *Un Chemin creux à Moutier* a plus de douceur encore : des ombres portées, le coupent de distance en distance, et font valoir les parties où se joue un soleil clair et gai. Les *Rives de la Seine près Saint Julien* sont un peu crues. M. Pron doit surveiller la tendance qu'il pourrait avoir à la sécheresse, et réformer aussi une façon de feuiller ses arbres qui finirait par leur donner à tous le même air de famille. À part ce défaut, qui est surtout sensible dans les *Rives de la Seine*, l'exposition de M. Pron est brillante et fait concevoir de cet artiste les plus grandes espérances. Dans les paysages de M. Jules André, on sent l'étude des Flamands. *Les Bords de la Bouzanne* ont un certain vaporeux qui rappelle Ruisdael. Un *Dessous de bois* touffu laisse apercevoir dans le lointain des fragments d'un ciel chaud et clair, effet que l'auteur affectionne et qu'il place avec avantage dans plusieurs paysages, derrière de belles masses d'arbres. Malheureusement une certaine mollesse, un faire un peu douceâtre, gâtent les incontestables qualités de M. André. Ses *Dessins* du Morbihan sont sans caractère, surtout si on les examine à côté des vigoureuses *Etudes* que M. Roqueplan a faites dans les Pyrénées. Les *Lavandières*, l'*Entrée d'un bois* le *Pêcheur de truites*, de M. Armand Leleux, sont d'une élégance un peu léchée. Au milieu de sa verdure claire, M. Leleux introduit volontiers quelque jupon ou tablier rose dont le ton n'est pas toujours juste. M. Jules Laurens a qui a fait le, voyage de Perse avec M. Hommaire de Hell, en a rapporté des vues tout-à-fait pittoresques, entre autres la *Forteresse de Rehagués*, espèce de tour cannelée qui s'élève solitaire au milieu de la plaine de Téhéran. MM. Gudin, Garnerey, Barry, Courdouan, ont toujours le monopole des eaux. Entre toutes ces marines également estimables ; il faut signaler une belle vue du grand canal de Venise près de *l'Église de Santa Maria della Salute*, par M. Joyant. Nous nous sommes quelquefois demandé ce que ferait M Joyant, si Canaletto n'avait pas existé.

Décidément M. Troyon monte d'un cran dans l'échelle des êtres.

Section III

Il quitte les arbres pour les bœufs et les moutons, qu'il peint mieux que M Palizzy et avec plus de fermeté que Mlle Rosa Bonheur. M. Palizzy empâte beaucoup trop, Mlle Bonheur traite ses moutons à la Deshoulières ; elle bichonne un peu ses vaches, qui sont du reste fort bien dessinées, et glisse dans ses paysages de certains fonds violets peu naturels. Nous préférons aux idylles de Mlle Bonheur le *Troupeau de moutons* couchés sous un ciel noir dans une vaste plaine déserte, par M. Troyon, qui a mis dans une scène aussi simple un vrai sentiment rustique. Les *Bassets* de M. Laffitte et la *Louve dévorant un mouton* de MM. Ledieu, le *Supplice de Tantale* de M. Stevens et les *Chiens* de M. Jadin figurent avec distinction dans la galerie des quadrupèdes, dont M. Philippe Rousseau reste toujours le peintre ordinaire et privilégié. Toutefois son grand tableau *Part à deux*, où un griffon vient disputer une assiette de lait à une famille de chats, présente un aspect papillotant et des effets qu'on ne trouverait certainement pas dans la nature, tels que l'ombre portée d'une assiette de Chine pleine de lait qui semble ne pas toucher à terre ; mais il y a des parties admirables : un délicieux petit chat gris perlé entre autres mettant les pattes dans l'assiette et plongeant son museau rose dans le lait. On retrouve la même justesse de coloris dans ses deux tableaux de *nature morte* ? l'on voit un *chardonneret* et un *rouge-gorge* accrochés à un clou avec une branche de mûre, et une table chargée de fruits et de légumes ; toutes les roses, les dahlias et les fruits des peintres du genre pâlissent bien à côté des salades et des radis de M. Rousseau, bien qu'on ne puisse nier un mérité considérable aux fleurs de Mmes Apoil, Wagner, aux fruits à l'aquarelle de M. Grenier, aux gouaches de M. Chabal Dusurgey, et surtout aux bouquets de fleurs si finis dans leur petite taille de M. Stenheil.

## Section IV

La sculpture ne présente pas les mêmes inégalités que la peinture. Depuis plusieurs années, chaque exposition constate dans cette branche de l'art un degré de perfection soutenu et assez uniforme. Les tentatives excentriques y sont plus rares, parce que la matière et l'instrument s'y prêtent moins, et que le faux y est plus tangible et plus choquant. Quelques essais d'innovation se sont pourtant fait jour dans son domaine, sans beaucoup de succès, il est vrai. Des esprits inquiets, impatiens des règles imposées par la nature même des choses, voudraient mouvementer, passionner la sculpture. Ils oublient que l'expression des passions est incompatible avec la statuaire, dont elle tourmente les lignes et détruit l'harmonie. M. Préault et ceux qui l'imitent plus ou moins tentent donc une entreprise stérile, et qui n'a du reste nullement le mérite de la nouveauté. On croit faire du neuf, hélas ! sans songer à la maxime de Salomon, et l'on tourne toujours dans le même cercle. Le caractère que M. Préault veut donner à la sculpture est précisément celui qu'on trouve aux plus mauvaises époques de cet art. Rien de plus mouvementé assurément que les statues de Bernin, qui était un homme d'une grande habileté. Voudrait-on, par hasard, restaurer le style du baldaquin de Saint-Pierre, ce colosse du rococo ?

M. Préault a coulé en bronze son fameux *Christ* de l'année dernière ; il n'y a pas lieu d'y revenir. Il a fait une *Tuerie*, fragment d'un grand bas-relief. Ne connaissant pas l'ensemble, nous ne pouvons rien comprendre à ce morceau, où se trouvent pêle-mêle entassés des têtes grimaçantes, des bras sortant on ne sait d'où, des mains qui n'appartiennent à aucun corps. Tout cela se mord, s'égratigne sans nous dire pourquoi, et produit exactement l'effet d'un cauchemar. Le buste de Nicolas Poussin a premièrement le tort impardonnable de n'être pas ressemblant ; la tête de Poussin est bien connue néanmoins. On se demande ensuite pourquoi M. Préault a cru devoir exagérer à un tel point chaque trait, chaque muscle de ce masque essentiellement réfléchi et paisible, au point de lui donner un air si courroucé ? Le procédé de M. Préault l'a conduit et le conduira toujours à la caricature, qui n'est, comme on sait, que l'exagération des traits caractéristiques du visage.

Une statuette en bronze de la *Misère*, représentant un vieillard pelotonné dans une méchante draperie, nous a paru si ressemblante aux œuvres de M. Préault, que nous la lui aurions attribuée volontiers, sans le secours du catalogue. Nous ne complimenterons pas l'auteur, M. Gauthier, sur une pareille ressemblance. Nous regretterions aussi de voir un jeune sculpteur plein de verve et de fougue, M. Christophe se jeter dans cette voie fatale. M. Christophe connaît son métier d'une façon surprenante ; il modèle avec une sûreté de main et un aplomb qu'on n'a pas d'ordinaire à son âge, témoin les jambes de son *Philoctète transporté dans l'île de Lemnos*, dont toutes les parties sont savamment étudiées ; mais M. Christophe, dédaignant un mérite trop commun, poursuit, si je puis m'exprimer ainsi, l'éloquence du ciseau. Il voudrait émouvoir, parler à la foule. M. Christophe reconnaîtra qu'il court après l'impossible. En admettant que ce qu'il a représenté sous un pseudonyme grec soit compris du spectateur, la laideur inévitable qu'une passion aussi violente, a imprimée à la tête de sa statue en détruit par avance l'effet, la première condition de l'art étant, nous le répétons encore, l'expression du beau.

Il existe dans l'art des parentés qui, fondées sur le rapport des esprits plutôt que sur la similitude des travaux, n'en sont pas moins très réelles. Si l'on voulait trouver en statuaire un frère à M. Müller ce serait sans contredit M. Clésinger. Rien ne ressemble plus à la peinture de M. Müller que la sculpture de M. Clésinger. Après avoir appliqué leur couleur et leur marbre à des représentations d'un goût et d'une distinction équivoques, tous deux échouent aujourd'hui également lorsqu'ils veulent hausser le mode de leur instrument. M. Müller abordant l'histoire est tombé dans l'anecdote, M. Clésinger entreprenant une *Pietà* est resté dans le plus pur sensualisme. Est-ce bien un Christ, une Vierge, une Madeleine que ces trois corps avinés, vautrés l'un sur l'autre comme de joyeux compères que l'aube du mercredi des Cendres surprend à l'angle boueux d'un faubourg ? Avec quelle sereine intrépidité M. Clésinger s'est jeté dans les sujets de sainteté ! On a fait des bacchantes ; pourquoi ne ferait-on pas des madones` ? Tout n'est-il pas dans un bloc de marbre ? Entre Madeleine pécheresse et Madeleine repentie il n'y a que la différence d'une tunique. C'est là ce qui s'appelle savoir son métier ! Encore cette tunique est-elle ici bien débraillée, de telle sorte qu'on pourrait croire la sœur de Marthe revenue à ses premières erreurs. Dans l'arrangement de ce groupe, rien n'est déterminé par le raisonnement ; tout est combiné d'après des recettes d'atelier. Il n'est pas une ligne, pas un pli de draperie qui ait sa raison d'être dans la nature ou dans le sentiment du sujet. Pour me servir du mot usité, tout cela cherche à vous en imposer par un chic audacieux, et je me plais à reconnaître que nul ne possède à un plus haut degré que M. Clésinger le secret de cette tricherie. Que vous dirai-je ? M. Clésinger est parvenu à se donner au public, je ne dis pas à la foule distraite et ignorante, mais à des artistes, à des gens qui s'y connaissent ou du moins qui font profession de s'y connaître ; M. Clésinger est parvenu, dis-je, à se donner pour un ciseleur habile, et il est admis qu'il *fait palpiter la chair*. A-t-on bien pourtant étudié de près et sérieusement l'exécution de ses figures ? Sans parler de la *Pietà*, qui est taillé dans la pierre, nous trouvons autre bustes en marbre de M. Clesinger, qui nous permettront peut-être d'apprécier la souplesse de ce ciseau si vanté. De ces quatre bustes, deux représentent Mlle Rachel dans le rôle de Phèdre et dans celui de Lesbie. L'idée est assez ingénieuse et propre à fournir de piquantes oppositions. Je reconnais encore que le premier aspect est séduisant, l'artiste ayant appelé à son secours une extrême coquetterie d'arrangement et de costume. On pourrait néanmoins lui faire observer que s'il a voulu, en ces deux pendants, caractériser sous les traits de la célèbre actrice la muse de la tragédie et la muse de la comédie ; sa pensée n'est pas compréhensible pour ceux qui n'ont pas vu Mlle Rachel dans *le Moineau de Lesbie*, car cette tête couronnée, surchargée de raisins, n'a rien du type classique de Thalie ; c'est une nymphe ou plutôt un éphèbe de Théocrite. Maintenant si nous dépouillons ces bustes des accessoires galants dont M. Clésinger les a ornés, si nous les analysons, déduction faite de leur toilette de théâtre, nous ne trouvons plus qu'un travail assez médiocre. Les contours des lèvres, les ourlets des paupières sont bien négligemment fouillés. Jamais femme vivante n'eut un cou de mannequin aussi raide et empesé. Pourquoi M. Clésinger a-t-il oublié d'y marquer les deux ou trois légers plis que la nature y trace comme un gracieux collier ? On a prétendu dans le temps que la *Bacchante*, qui fit la réputation de M. Clésinger, avait été moulée sur nature ; sa sculpture de cette année nous le ferait croire : il s'en faut qu'elle soit aussi vivante. M. Clésinger farde sa sculpture d'une préparation huileuse qui ôte au marbre nouvellement taillé sa crudité ; il obtient par ce procédé industriel un aspect fondu, estompée qui dissimule au premier coup d'œil la pauvreté du modelé. L'illusion que produit cette supercherie entre pour une part notable dans les succès de M. Clésinger ; mais si par hasard il oublie ou néglige de l'employer, le masque tombe…, et M. Théophile Gautier reste fort peu satisfait, je le suppose, de l'informe portrait que l'ébauchoir de

M. Clesinger lui a dédié. Qu'il se console en pensant que personne ne le reconnaîtra, pas plus que M. Houssaye, transformé en dieu marin. M. Clésinger a encore eu l'idée de représenter M. Pierre Dupont, le chansonnier, la bouche grande ouverte et lançant un refrain. Cette bouche ouverte n'a pas le sens commun ; placée sur le palier de l'escalier qui conduit aux galeries supérieures, elle a exactement l'air d'un tronc pour les pauvres, sollicitant de chaque arrivant une pièce de monnaie.

L'Imagination de M. Fourdrin est poétique. Suivant en cela l'exemple de M. Clésinger, il prodigue les guirlandes et les roses ; mais il ne faut pas que la toilette d'un buste absorbe et détourne l'attention. Plus de simplicité sied mieux, et quand par hasard cette exagération est calculée, la supercherie ne tarde pas à se découvrir. Dans la statuaire encore plus que dans la peinture, un portait n'a de valeur que par l'expression du caractère et le rendu des détails, et le mot d'Apelles sera toujours applicable à ceux qui se réfugient dans de petites charlatanerie : « Ne pouvant la faire belle, tu l'as faite riche. »

M. Gruyère, pour modeler son buste de Greuze, s'est inspiré du portrait de ce peintre, et montre à M. Préault ce qu'il aurait dû faire pour celui de Poussin. Le marbre de M. Gruyère est des mieux étudiée ; on y retrouve la même vie, la même animation que dans la toile qui est au Louvre ; Il y a deux bustes gracieux et finement travaillés, l'un de *Mme la comtesse de Gleose* par M. Demi, l'autre de *la Reine de Hollande* par M. Oliva ; une bien charmante statuette de Mme… par M. Barre, le *Don Diego Velasquez da Silva*, de M. Maniglier, est bien vivant et empreint de force et de fierté. Le plâtre de M. Hébert représentant *Benvenuto Cellini* a aussi beaucoup de caractère. Entre plusieurs bustes de M. Cordier, le moins remarquable n'est pas le *Nègre de Tombouctou*. Dans le siècle dernier, on sculptait assez volontiers des têtes de nègres en marbre noir. À notre avis, le bronze, tel que l'a employé M. Cordier, rend mieux le ton huileux et le grenu de la peau africaine ; de plus, par le moulage, on parvient à reproduire bien plus exactement qu'avec le ciseau la qualité des cheveux frisottés ainsi que de la barbe rare et laineuse.

Le *Faune dansant* de la Tribune de Florence, si admirablement rajusté par Michel-Ange, a inspiré bien des artistes. M. Lequesne, sur cette donnée connue, a pourtant réussi à faire une œuvre originale. Son *Faune* bondit un pied en l'air, l'autre posé sur la peau du bouc gonflée et glissante, et il embouche en même temps la flûte sacrée. Le mouvement est vif, le corps bien jeté, chaque membre concourt bien à l'allure générale, et quand à l'exécution, elle est extrêmement soignée ; tous les muscles sont détaillés avec une grande science et jouent sous la peau. Peut-être pourrait-on trouver ce corps un peu bosselé, mais cette accentuation vigoureuse s'explique par le mouvement violent auquel se livre le danseur et par la tension qu'il imprime à tous ses muscles pour se maintenir en équilibre. De plus il faut remarquer que cette statue n'est qu'un modèle en plâtre destiné à être fondu en bronze, et que sous le vert sombre du métal les accentuations du modelé seront moins sensibles.

C'est une rencontre assez rare dans les œuvres de la sculpture moderne qu'une belle étude de la beauté virile. Pour une statue comme celle de M. Lequesne, il s'en trouve quatre ou cinq de femmes qui naturellement attirent plus la foule, et avec une moindre dépense de talent arrivent plus facilement au succès. Pense-t-on que M. Pradier fût aussi populaire, s'il avait fait, toujours avec la même habileté, des faunes et des Apollons, au lieu de faire des Vénus ? L'habileté de M. Pradier est extrême, personne ne la lui conteste ; il en donne encore aujourd'hui une preuve dans sa *Toilette d'Atalante*. Rien de plus souple que ce corps ployé ; rien de plus délicat que ces bras et ces mains qui se portent en avant pour rajuster la chaussure ; la délicatesse en est même exagérée pour la robuste antagoniste d'Hippomène, et il me semble que M. Pradier n'a guère songé au caractère et au nom à donner à sa statue, qui représente plutôt une Parisienne sortant du bain. En regardant d'un peu près aux statues de M. Pradier, on les trouve bien plus françaises qu'athéniennes, quel que soit le soin qu'il met à les baptiser à la grecque, car il faut bien un prétexte pour promener des femmes toutes nues, et l'on n'en trouve de plausible que dans le dictionnaire de Chompré. Il n'y a pas grand mal à cela, et si nous démêlons un cachet particulier et national aux nombreuses reproductions que M. Pradier édite du même modèle, pourquoi blâmerions-nous chez lui une originalité qui nous charme chez les artistes de la renaissance ? Le grand, le véritable tort de M.

Pradier, c'est le tour provoquant qu'il se plaît à donner à ses statues, l'impudeur calculée de toutes ses nudités. La pruderie britannique ne trouvera-t-elle rien de *shocking* dans l'ajustement de draperies d'une statuette de *Médée* faite pour la reine Victoria ? Sans être obligé de recourir au moindre voile, M. Pradier eût pu également disposer son *Atalante* d'une façon plus convenable. Telle qu'elle est, sa place est plutôt dans un boudoir que dans un musée.

M. Jouffroy comprend bien mieux que M. Pradier la dignité de son art. Il a poétisé l'égarement de l'ivesse dans son *Erigone*, qui, à demi renversée, les bras levés au-dessus de sa tête, presse une grappe suspendue à un cep, et en fait couler le jus dans sa bouche. Ce mouvement, bien saisi et vivement rendu, développe une fière et svelte cambrure et de grandes délicatesses dans le torse ; les attaches des membres sont minces et dégagées, ce qui engendre une grande distinction. On ne comprend pas bien la raison d'un bout de draperie qui enroule la jambe droite. Cette draperie, du reste, est bien traitée ainsi que tous les accessoires, les fleurs, les instruments de musique posés à terre, et le cep de vigne dont les lignes viennent se raccorder avec les bras et la chevelure flottante.

Le goût distingué et la manière noble de M. Jouffroy se retrouvent à des degrés divers chez MM. Pollet, Loison, Jaley. La *Jeune Fille* de M. Jaley est pensive, le coude appuyé sur ses genoux, les yeux à demi fermés ; la tête est pleine de grace, et les draperies, d'un bon style, font bien sentir le nu. M. Loison a donné à sa statue d'*Héro* un caractère tout-à-fait original. Le corps à peine adolescent n'est aucunement voilé par la draperie de lin transparente à travers laquelle se dessinent de suaves contours ; l'enfant s'est jetée hors de sa couche, tremblante et joyeuse, l'œil dilaté, la bouche souriante ; elle élève au-dessus de sa tête le flambeau qui guide son Léandre. Cette petite tête, si pleine de jeunesse et d'amour, est ravissante et en harmonie parfaite avec le sentiment général de la composition.

Il nous semble, au contraire, qu'il y a désaccord entre le geste enfantin de la *Psyché*, de M. Legendre Héral, saisissant un papillon posé sur son genou, et les formes déjà bien développées que le sculpteur a données à cette statue. La tête seule est bien. *Le Berger Cyparisse* de M. Marcellin, est d'une pose juste et vraie, mais il a une tête disgracieuse. La *Jeune Fille* de M. Chambard, écoutant le bruit d'un coquillage, voudrait des formes un peu moins lourdes.

Chez M. Renoir enfin, l'idée vaut mieux que l'exécution. Horace enfant s'étant endormi, des colombes le couvrent de verdoyants feuillages ce modèle est en plâtre ; en le taillant, en marbre, M. Renoir fera bien de donner plus de soin à la tête, qui est effacée et sans caractère.

M. Maindron a eu une fois dans sa vie une inspiration qu'il se borne depuis lors à rhabiller : on retrouve sa Velléda partout, dans le bas-relief de *la Fraternité*, dont la moitié est ingénieusement empruntée à Prudhon, et dans une lourde *Sainte Cécile* aux jambes raides que l'on peut renvoyer dos à dos avec l'épaisse *Suzanne* de M. Grass. M. Vauthier montre au contraire qu'il a le don de la grâce dans le modèle en plâtre du *Printemps*, jeune fille qui s'avance d'une allure aisée en semant des fleurs ; mais un des plus attrayants exemples en ce genre est sans contredit la statue de M. Pollet. M. Pollet l'a intitulée *une Heure de la nuit*. Elle s'élance une étoile au front, la tête endormie et les bras levés et rejetés en arrière, ce qui fait valoir un torse et des jambes admirablement modelés Les avant-bras seuls paraissent un peu maigres et trop courts : peut-être est-ce parce qu'on ne les voit qu'en dessous. Quant à la tête, quoique très élégante, elle a le nez retroussé et un peu de l'air mutin que M. Pollet a mis dans son charmant petit buste d'*une Bacchante*. C'est un défaut ici, où la noblesse devait être alliée à l'élégance. Toutes les parties du reste sont très fines et modelées avec un soin extrême. Remarquons que le titre de cette statue est un peu recherché : on trouverait plus naturel que M. Pollet l'eût appelée Sapho, car la première idée qui naît en la voyant est celle d'une femme qui se précipite.

Les animaux et les bêtes fauves nous envahissent de plus en plus ; bientôt ils seront en nombre, et nous ne sommes pas sans quelque inquiétude de les voir se rendre maîtres de la place. Ce genre de sculpture se développe, parce qu'il est assez facile et que ses produits se débitent aisément, surtout lorsqu'ils sont d'une dimension appropriée à l'ornement d'une cheminée ; mais cette dernière considération a une influence fâcheuse, car le goût du public se plaît généralement aux petites scènes pathétiques entre une poule et ses poussins, au trépas attendrissant d'un cerf atteint par les chiens, bien plus qu'à la représentation des attitudes calmes dans lesquelles les animaux déploient tant de noblesse et une si belle gravité. On s'était passionné pour le premier lion de M. Barye, placé à l'entrée des Tuileries : c'est à peine si l'on a pris garde au second, qui pourtant, est bien autrement étudié et d'un style plus sculptural. M. Fremiet ; j'en suis sûr, acquiert plus de renommée par son drame colossal de l'*Ours blessé* que par ses études consciencieuses de chien, de chat et son *Marabout* en bronze, si majestueux dans sa pose héraldique. Au point de vue de l'art, il n'y a pourtant dans le groupe de M. Fremiet qu'une nasse assez informe et un homme à peine étudié. Combien nous aimons mieux la *Chatte* en marbre du même artiste, le *Jaguar* de M. Barye, et le grand *Tigre à l'affût* de M. Jacquemart ! Les chiens de M. Mène et de M. Delabrière sont très délicatement traités et méritent de sincères éloges, quoiqu'ils rentrent dans la catégorie des objets à la mode. On remarque aussi de petites merveilles de patience et de dextérité de M. Cain, des bécasses, des alouettes, des moineaux en cire, fouillés et détaillés plume à plume : c'est à faire périr de jalousie tous les apprêteurs du cabinet d'histoire naturelle.

Ainsi, au dernier terme de cette revue, nous constatons, une fois de plus, le caractère matérialiste que nous a révélé l'examen de chacune des branches de l'art contemporain. Nous voyons encore plus clairement que les années précédentes le progrès et le perfectionnement dans les représentations de la nature animale et végétale s'accomplir simultanément avec la dégradation Involontaire ou calculée du type humain, que la peinture et la sculpture avaient jusqu'à présent pris à tâche d'exalter. Les expositions antérieures nous avaient fait assister aux luttes des sectaires coloristes, qui aujourd'hui sont à peu près maîtres du terrain. L'année dernière, M. Préault faisait son entrée ; aujourd'hui, nous avons M. Courbet. Quelle nouvelle doctrine sommes-nous à la veille de voir se produire ? Jusqu'où irons-nous dans cette voie de négations successives, et en remplaçant peu à peu toutes les règles par l'anarchie des fantaisies individuelles ? La barbarie pourrait bien être au bout de cette progression décroissante que certaines gens voudraient nous faire prendre pour la transition à une phase nouvelle. Avant d'accepter cette théorie du renouvellement, nous aimerions à savoir Un peu où l'on nous mène. Nous voyons bien les barbares, ils sont là, ils ont encore élargi la brèche au salon de 1850 ; mais quelle sera la seconde renaissance dont ils sont chargés de préparer les voies ?

ISBN : 978-1983958434